Rafael Moreh Me

Interpretação das Escrituras

Passo a passo na exegese bíblica

PREFÁCIO

Se a hermenêutica e a exegese são categorizadas como ciência e arte de interpretar as Escrituras, o Rev. Rafael Ribeiro é um cientista com precisão acadêmica e um artista hábil no manuseio do texto Bíblico.

Tive o privilégio de conhecê-lo como professor e pastor. Como professor, acompanhei de perto por cinco anos sua atuação quando tive a honra de dirigir o Seminário Betel Brasileiro de Niterói onde ele fazia parte do corpo docente. Como pastor, fui recebida na Igreja Presbiteriana Filadélfia onde ele pastoreia. Durante a semana via o entusiasmo dos alunos nos corredores do seminário sempre que saíam das aulas do "professor Rafael". Eram sempre momentos de euforia para os alunos comentarem as aulas de Antigo Testamento e Exegese com o querido Rev. Rafael. Fora do Seminário, tive muitas vezes a alegria de ser edificada com suas mensagens expositivas, fruto inegável de seu conhecimento acadêmico e seu labor técnico com o texto. Quem o conhece atesta que seus sermões são expressões verdadeiras de um habilidoso mestre das Escrituras. O texto bíblico é coisa séria para o Rev. Rafael. E é com esta seriedade que ele traz para o púlpito e para a sala de aula ensinos preciosos, cheios de graça e de conhecimento.

Agora, essa habilidade é traduzida aqui nesse texto. Um guia prático para pregadores e estudantes da Bíblia que também levam a sério a exposição do texto bíblico. Expor as Escrituras é um privilégio! Mas este privilégio impõe grande responsabilidade: fidelidade ao texto sagrado! O caminho da fidelidade passa por uma consciência submissa ao Espírito Santo e uma mente disposta a debruçar-se diante do Livro e dos livros. Nem todos têm a condição técnica para profundos estudos, mas todos os que estão imbuídos desta responsabilidade têm o dever de buscar bons materiais de estudo que auxiliem nesta tarefa interpretativa da Bíblia. É nesta categoria de um bom material de estudo que se encaixa o texto que você tem nas mãos.

Na obra *Interpretação das Escrituras: passo a passo na exegese bíblica*, o autor coloca de forma simples o caminho que todo expositor bíblico deve trilhar, trazendo um modelo prático em João 1.1-14 sobre a encarnação do Verbo. Assim, o estudioso da Bíblia encontra neste material uma ferramenta básica para ajudá-lo a entender o precioso caminho do estudo bíblico para fins de exposição.

Por conhecer o trabalho docente e a qualidade das exposições bíblicas do Rev. Rafael, recomendo aos estudantes e pregadores de forma geral a aquisição da obra como livro de consulta e orientação.

Késia Adriany do Nascimento Feitosa

PREFÁCIO

Quando fui incumbido de ministrar Hermenêutica do Novo Testamento um dos seminários no qual exerço o magistério; e, ainda, no mesmo semestre, Exegese do Novo Testamento aos alunos de outro dos seminários onde também leciono, encetamos a difícil tarefa de fornecer aos tais alunos um ensaio que pudesse servir-lhes de ponto de partida ao estudo do Novo Testamento, tomando como foco a interpretação do mesmo. Ora, a Hermenêutica Bíblica do Novo Testamento, tão pouco a Exegese, podem ser confundidas com a *Isagoge* (Introdução Bíblica ou Panorama Bíblico), pois ambas vão mais fundo por seu sentido interpretativo. Também não podemos compará-las à TBNT[1], embora possam se valer dessas e de outras disciplinas para sua elaboração; mormente, a exegese.

Se a exegese é o gênero, a hermenêutica é a forma. Nesse sentido, é bom salientar que, para o bom entendimento do NT[2], o conhecimento do Antigo Testamento é pré-requisito. Aliás, a Hermenêutica e a Exegese, enquanto ciências de interpretação, são disciplinas com muitos pré-requisitos. De fato, tenho dito para os meus alunos que todo o aprendizado no seminário não aponta para outra direção senão à interpretação das Escrituras Sagradas, e isso é sua hermenêutica. Assim, entendemos que a hermenêutica seja o produto final da Exegese.

Então, partindo da ideia de que o NT, de certa forma, possua uma releitura ou interpretação da fé veterotestamentária, exigindo uma

---

[1] Antigo Testamento.

[2] 2 Tm 3.16; 2 Pd 1.21.

leitura cuidadosa e diacrônica do Antigo para o Novo; também uma leitura anacrônica do Novo para o Antigo; e, por fim, uma leitura sincrônica e comparativa entre o NT e o AT[3].

Encetar um estudo do NT sem uma leitura científica atenciosa do AT seria laborar em crasso erro. Basta observar o ensino de Cristo nos Evangelhos e dos apóstolos em suas epístolas gerais e cartas, bem como em Atos e Apocalipse. Assim, o AT é citado com frequência para basilar todo o ensino apresentado por seus autores ou interlocutores. Por isso, as frases: "está escrito"[4], "não lestes?"[5], "bem falou"[6] aparecem para credenciar o ensino de Cristo e dos apóstolos, no sentido de mostrar o cumprimento do AT e de comprovar a veracidade de seus ensinos. Visto que não pode haver contradição nas Escrituras, o NT concorda com o AT; portanto, essa leitura diacrônica de Cristo e dos apóstolos demonstra a coerência do ensino neotestamentário, bem como o credencia perante o AT, evidenciando a sua veracidade como obra continuadora da Revelação divina. Com esses breves comentários em mente, devemos caminhar pelas trilhas deixadas no caminho por aqueles que nos antecederam, pois na multidão dos conselheiros está a segurança[7] e, se temos uma tão grande nuvem de testemunhas que nos antecederam[8], seria tolice falar sozinho.

Rafael Ribeiro Me

---

[3] Antigo Testamento.

[4] Mais de oitenta vezes no NT.
[5] Cinco vezes.
[6] Seis vezes.
[7] Provérbios 11:14.
[8] Hebreus 12:1.

INTRODUÇÃO

O Novo Testamento, portanto, é a Palavra de Deus inspirada e regra infalível de fé e prática, assim como o Antigo Testamento.[9] Daí não devermos perder tempo com a Bibliologia.[10] Sendo ele, como dito acima, uma obra continuadora da Revelação, possui a influência cultural, gramatical e histórica do AT. Por isso, em se tratando de Exegese ou de Hermenêutica, devemos entender a coligação dos símbolos e tipos do AT em forma de cumprimento ou arquétipo no NT.

Ora, como já dissemos, Hermenêutica é uma ciência que tem muitos pré-requisitos e está ligada à Exegese de forma inseparável, de sorte que não pode haver exegese sem hermenêutica e não pode haver hermenêutica sem exegese. Negligenciar este princípio fundamental pode levar a uma interpretação tendenciosa, algo como andar em corda bamba ou pisar no cadafalso. Evidentemente, se percebe, por parte daqueles que negligenciam o uso dos pressupostos exegéticos e hermenêuticos, uma prática espúria, abonada por alguns, a qual se denomina *eisegese*. A fraqueza dos púlpitos contemporâneos, ente outras coisas, deve-se ao fato de que a maioria dos pregadores encerrou no mausoléu do esquecimento os ensinos recebidos no seminário no que concerne a fundamentos essenciais, tais como: Hermenêutica, Exegese, Teologia, o conhecimento das línguas originais, etc. Eles vão tateando às cegas pelo texto, como se nunca lhes tivesse sido servida uma luz. E como o pior cego é aquele que se nega a enxergar,

---

[9] 2Tm 3.16; 2Pd 1.21.

[10] Apêndice da Teologia que busca comprovar a inspiração das Escrituras.

[11] Esse foi o método de interpretação dos reformadores.

também disso darão contas ao Criador. Porque, ao contrário da Hermenêutica/Exegese, onde se busca o sentido real do texto em seu contexto gramático e histórico,[11] inclusive com a valorização dos idiomas originais, os que desposam a *eisegese* guiam-se pelo método histórico-crítico.[12] O texto em vernáculo é valorizado acima dos textos em língua original.

Há aqueles que, ainda que com maior pobreza, fazem uma leitura "devocional" ou "meditação", sem uma exposição séria do texto. Mas isso é coisa que qualquer leigo pode fazer. Então, para que ir ao seminário? Não é sem causa que a igreja hodierna tenha se tornado um celeiro de heresias, dando espaço à Teologia da Prosperidade, da fé positiva ou, a mais recente de delas, a Teologia Relacional. Devemos, portanto, fazer hermenêutica e exegese do Novo Testamento, tomando como base o método gramático-histórico, por meio de uma leitura, primeiramente diacrônica, depois anacrônica e, por fim, sincrônica, olhando sempre para o ensino precedente no Antigo Testamento.

---

[12] Método usado pelos iluministas para o estudo da literatura em geral, aplicado pelos teólogos modernistas ao texto das Escrituras.

Capítulo I

DEFINIÇÃO DE TERMOS

1. Hermenêutica: A palavra hermenêutica provém do termo grego ἑρμηνεία, palavra essa que se deriva do nome da divindade grega Hermes, o intérprete dos deuses do Olimpo. A palavra *hermenéia* ocorre no NT em I Coríntios 12.10 e aí é traduzida "interpretação". Logo, hermenêutica quer dizer interpretação. O hermeneuta deve interpretar o texto, valendo-se das ferramentas apropriadas. A Exegese é o gênero e a Hermenêutica é a forma da interpretação. Antes de tudo é necessário definirmos alguns termos; a definição de tais termos se torna necessário devido ao propósito do nosso trabalho, no sentido de apontar o norte ou o objetivo de cada disciplina, mormente, da exegese e suas correlatas:

2. Exegese: Essa palavra se deriva de duas palavras gregas: ἐκ – preposição de, para fora de, etc., e o verbo ἐξάγω – guiar, conduzir. Logo o sentido é de conduzir para fora. O exegeta deve investigar o texto para extrair a verdade nele inclusa.

3. Eisegese: Vocábulo originário de duas palavras: a preposição εἰς – para, em direção, voltado para, para dentro de, etc., e o verbo ἐξάγω – guiar, conduzir. Logo o sentido é de conduzir para dentro. A eisegese é perigosa no sentido em que o intérprete tende a introduzir o seu pensamento no texto, não necessariamente dando o sentido exato do texto ou verdadeiro do texto. Geralmente o preconceito teológico é um cadafalso no qual o "eisegeta" tropeça, pois está tão imbuído de que seu pressuposto é verdadeiro, que empurra para dentro do texto seus conceitos. A eisegese caiu na predileção dos intérpretes modernistas e liberais. No esforço de contextualizar a mensagem e torná-la mais palatável aos seus leitores ou ouvintes, por considerarem muitas vezes que as Escrituras devem ser interpretadas socialmente. Para esses intérpretes, muitos dos ensinos das Escrituras têm a ver com os costumes sociais de sua época e os preconceitos religiosos contemporâneos ao autor, muito de seus ensinos devem ser socialmente atualizados, por estarem ultrapassados para nossa época; portanto, sem aplicabilidade para o cristão de hoje. É nesse campo que se introduzem certas teologias modernas, como por exemplo: a Teologia da Esperança, Teologia da Libertação, A Teologia do Índio, a Teologia Gay, etc.

4. Teologia: A Palavra Teologia se deriva de duas palavras: θέος – *Deus*, e λόγος – *palavra, estudo, tratado,* etc., tem, portanto, a Teologia sido definida de forma mais completa como: O estudo de Deus e suas relações com o homem. A teologia pode se desdobrar em vários ramos, como por exemplo: Teologia Sistemática, que trata sistematicamente das doutrinas sob a forma dogmática. Teologia Bíblica, cuja abordagem é mais exegética. A forma de uma Teologia Bíblica depende do método de abordagem escolhida pelo teólogo bíblico, ou do seu centro unificador. Há também a teologia histórica, a Teologia da Libertação, a Teologia Pastoral, etc. A Teologia serve para estabelecer alguns dos pressupostos para exegese, mas, também, pode ser prejudicial no sentido dogmático, pois o dogmatismo tende a cegar o intérprete. Rudolf Bultmman afirma que não existe interpretação sem preconceito; neste particular, concordamos com ele.

5. Línguas originais: As línguas originais da Bíblia são três: O Hebraico, idioma predominante no Antigo Testamento, o Grego koiné, idioma predominante no Novo Testamento e o Aramaico, presente no AT, principalmente em textos exílicos e pós-exílicos, como Daniel, Ester, Ezequiel, etc. No NT também algumas palavras aramaicas esparsas devido ao seu uso por parte da comunidade hebréia na Palestina, porém, o idioma oficial do Império Romano era o grego koiné; daí ser esta a língua do NT. Os judeus alexandrinos não falavam o aramaico, mas, o grego koiné, são estes os que são chamados helenistas no Livro de Atos (conf., At 6.1). Um exegeta ou hermeneuta para ser completo, deve possuir um conhecimento bem variado. Além de possuir a capacidade de traduzir e interpretar os idiomas originais da Bíblia deve conhecer teologia sistemática e bíblica. Deve munir-se de bons compêndios de história geral e bíblica, geografia bíblica, de gramáticas e dicionários ou léxicos em línguas originais e vernáculas, de comentários bíblicos, etc.[13] Como se pode perceber, a Exegese é uma disciplina com muitos pré-requisitos.

---

[13] Há uma recomendação quanto aos comentários bíblicos, eles devem ser fonte de consulta, mas devemos tomar cuidado para não sermos levados pelo preconceito de seus autores.

Capítulo II

SIGNIFICADO E CONTEÚDO

1. Nome: Novo Testamento é o nome dado a segunda parte das Escrituras e advém do latim Novum Testamentum que, por sua vez, é uma tradução do grego *η καινη διαθηκη* hê kainê diathêke.[14] Essa expressão grega era usada geralmente para designar "uma última vontade, ou testamento"; não dá, contudo, esta tradução o significado pleno dos termos. Na verdade, diathêke significava um trato, contrato ou pacto celebrado entre as partes pactuantes. Esse tipo de contrato tinha as suas partes elaboradas pelo pactuante e, uma vez que o pactuado o aceitasse, não poderia haver mudanças nos seus termos, ficando ambas as partes obrigadas, por juramento, ao cumprimento de todas as suas cláusulas. Um pacto é mais comprometedor do que uma promessa, pois uma promessa obriga apenas a pessoa que a fez, mas um pacto obriga igualmente ambas as partes que nele entram.[15]

2. Conteúdo: O conteúdo do NT consiste na revelação deste novo pacto nas palavras ditas por Jesus e dos escritos de Seus apóstolos, que compreende o escrito do NT: os *βιβλιοι*, livros *meguiôth*[16] (rolos) ou códices (encadernações). Enquanto o AT Levou mais 1600 anos para ser concluído, os livros do NT levaram cerca de meio século, desde 45 d.C, até próximo de 100 d.C. O NT Compreende 27 volu-

---

[14]Jesus usou essas expressões quando estabeleceu a Ceia do Senhor (Lc 22.20)

[15]TENNEY, Merrill C., O Novo Testamento, Sua origem e análise, São Paulo: Vida Nova, 1995, p.21.

[16]Usavam-se o papiro e o pergaminho na confecção desses rolos ou códices.

mes de nove autores diferentes; considerando-se que O Livro de Hebreus seja de autor desconhecido. Havemos, contudo, de observar que as alusões históricas que nele ocorrem dizem respeito a todo o primeiro século e o seu pano de fundo cultural recua até ao século quarto ou quinto d.C.[17] Há, segundo Tenney, três formas de se classificar o conteúdo do NT: pelo caráter literário, pelos autores e por períodos. Pelo caráter literário temos: cinco livros históricos, que compreende os quatros Evangelhos e o Livro de Atos dos Apóstolos. Depois temos vinte e uma missivas que compreendem epístolas gerais e as cartas pastorais. O conteúdo das missivas é de caráter doutrinário. Por fim, um livro profético, que é o Livro de Apocalipse de João. As cartas pessoais se destacam das epístolas gerais por serem enviadas a indivíduos e não diretamente às comunidades cristãs. Constam entre as cartas pessoais: 1 e 2 a Timóteo, Tito, Filemom e 2 e 3 de João. Embora tais cartas fossem particulares, o fato desses indivíduos serem pastores ligados à comunidade da fé, fez com que passassem a ter um significado mais amplo do que o de cartas pessoais e, passaram a ser consideradas como circulares, sendo lidas em todas as igrejas.[18] O Livro de Apocalipse é o último livro do NT. Esse é um livro profético, tratando, tanto do presente como do futuro. Por causa do seu estilo altamente simbólico (preditivo);[19] envolvendo visões e revelações sobrenaturais, também é classificado como literatura apocalíptica.[20] Esta classificação não é final ou conclusiva. Há muita doutrina nos históricos e há também, profecia nas epístolas doutrinais. Tal classificação tem em vista o assunto geral de cada volume.[21]

Também podemos agrupar estes livros de acordo com autoria de cada um deles. Todos os seus autores são judeus, exceto Lucas. Três deles: Mateus, Pedro e João, fizeram parte do colégio apostólico de Cristo. Marcos, Judas e Tiago, tinham trabalhado na igreja ou estiveram em convívio com os doze, ainda antes da morte de Jesus e,

---

[17] TENNEY, op., cit., p. 22.
[18] Idem, p. 23.
[19] O grifo é nosso.
[20] Idem, p. 23.
[21] Idem, p. 23.

mesmo depois da inauguração da era da igreja. Lucas e Paulo, não foram testemunhas oculares do ministério de Jesus, eram conhecidos dos apóstolos e se avistaram com eles e, por serem seus contemporâneos puderam conferir seus ensinos com estes. Do autor de Hebreus, nada se sabe por evidência externa, sendo por isso, considerado como de autoria anônima. A tabela a seguir apresenta a relação em ordem dos livros com seus respectivos autores, obedecendo a sua ordem nas Escrituras:

Livro	Autor	Livro	Autor
Mateus	Mateus	1 Timóteo	Paulo
Marcos	Marcos	2 Timóteo	Paulo
Lucas	Lucas	Tito	Paulo
João	João	Filemon	Paulo
Atos	Lucas	Hebreus	Autor desconhecido
Romanos	Paulo	Tiago	Tiago (irmão de Jesus)
1 Coríntios	Paulo	1 Pedro	Pedro
2 Coríntios	Paulo	2 Pedro	Pedro
Gálatas	Paulo	1 João	João
Efésios	Paulo	2 João	João
Filipenses	Paulo	3 João	João
Colossenses	Paulo	Judas	Judas (irmão de Jesus)
1 Tessalonicenses	Paulo	Apocalipse	João
2 Tessalonicenses	Paulo		

3. Cronologia: Os livros do NT não foram na ordem em que aparecem na Bíblia. Cronologicamente a sua composição é mui diversa. Dá para perceber que há uma relação cronológica no que respeita aos Evangelhos e Atos, mas, relativamente aos demais livros, encontram-se na relação de autorias, vindo primeiro as epístolas de Paulo, depois os demais autores, sendo que Judas intercepta a relação joanina vindo então o Apocalipse de João. Vemos que não há também uma ordem de edição ou registro. Pode haver uma discrepância considerável entre a data em que o livro foi escrito e período a que diz respeito. Marcos, por exemplo, descreve os acontecimentos da vida de Jesus que têm lugar no fim da terceira década do primeiro século;

mas este evangelho não deve ter circulado senão antes de 65 ou 70 a.D.[22] Para facilitar o estudo da história do primeiro século, pode se dividir em três períodos de duração desigual, cada um dos quais marca uma fase definida no seu desenvolvimento.[23] O primeiro período é o do COMEÇO, que corresponde à vida de Cristo, desde 4 a.C. até 29 d.C. Este período é apresentado pelos quatro evangelhos que narram, com diferentes graus de amplitude, os fatos significativos da carreira de Jesus, e que se referem esporadicamente a outros acontecimentos históricos.[24] O segundo período, o da EXPANSÃO, de 29 d.C. a 60 d.C., mostra o desenvolvimento da obra missionária. Grupos de pregadores viaja-vam pelas estradas do império em todas as direções evangelizando e fundando novas igrejas em vários centros importantes. A narrativa de Atos dos Apóstolos nos oferece principalmente uma visão da missão de Paulo aos gentios, aparecendo apenas de relance as atividades de outros pregadores. Nestes tempos o evangelho progrediu desde Jerusalém até Roma e sem dúvidas para outras localidades.

Foi durante este período que foram escritas a maior parte das epístolas paulinas. Nelas podemos observar o crescimento da igreja entre os gentios.[25] O terceiro período, de 60 d.C. a 100 d.C., pode-se designar: CONSOLIDAÇÃO. Esse período é um tanto obscuro no que concerne à sua história, pois não temos dele um relato consecutivo, como o encontramos em Atos dos Apóstolos. Ao princípio, deste período pertencem as cartas Pastorais de Paulo e os escritos de Pedro; Lucas, Atos e Mateus foram provavelmente publicados entre 60 d.C. e 70 d.C., Marcos, provavelmente, em data anterior, mas se a tradição está certa, teria sido largamente difundido somente a esta altura da história. Hebreus e Judas precederam 70 d.C. Os escritos joaninos, o quarto evangelho e as epístolas devem ter aparecido por volta de 85 d.C. a 90 d.C. O Livro de Apocalipse tem sido referido como sendo escrito entre 95 ou 96 d.C., durante o reinado de Domi-

---

[22] TENNEY, op., cit., p. 24
[23] Idem.
[24] Idem.
[25] Idem.

ciano. Um exame desta literatura tende a demonstrar que no último terço do primeiro século a igreja se tornou conhecida por toda parte do Império Romano. Depois de terem sido uma coleção dispersa de grupos isolados, cada qual com os seus próprios problemas e os seus padrões de vida, começava a adquirir solidariedade doutrinal e social e a ser olhada como um fator poderoso na sociedade.[26] O evangelho se tornara a pregação narrativa da vida do Senhor Jesus e o seu ensino, o padrão aceito como modelo para instruir os crentes em toda parte, isso promovia a unidade em torno de uma doutrina comum. Atos, como a primeira história da igreja, procura demonstrar a forma como judeus e gentios se uniram num corpo comum. As epístolas escritas durante o período de consolidação demonstram a existência de algumas heresias que em si próprias implicam na necessidade da existência de alguma estrutura ortodoxa de fé. O Livro de Hebreus e os escritos joaninos mostram que a igreja já tinha tido que fazer face às reivindicações da lei e às incursões duma fé que "fazia progresso" pelo abandono da sã doutrina cristológica. As ameaças e perseguições ao cristianismo mais puro já aparecem em Atos, no corpus Paulino, nas epístolas gerais e no Apocalipse. As cartas pastorais mostram que, precisamente, ao terminar da carreira de Paulo, muitas destas questões eram correntes e que algumas das igrejas já tinham sido afetadas por um declínio da vida espiritual.

É impossível estabelecer o lugar cronológico exato dos livros do NT. Nenhum deles está datado numericamente e só alguns contêm alusões ao tempo (ou local)[27] em que foram escritos e de tal maneira inconfundíveis que podem ser atribuídos a um determinado ano da era cristã. As opiniões dos eruditos variam muitíssimo acerca destes livros. As epístolas joaninas, por exemplo, se lhes atribui datação desde a quinta década do primeiro século até meados do século segundo. Os eruditos mais conservadores localizam-nas a partir de 85 d.C., considerando, no entanto, que pode ser ainda mais cedo. Só é possível dar uma ordem aproximada destes livros. Relativamente aos evangelhos, devemos considerar três períodos ou relações cronológi-

---

[26] TENNEY, p., 25.
[27] O grifo é nosso.

cas: o primeiro tempo tem relação com a época de que falam os evangelhos, à qual se referem de uma forma particular. Depois, havemos de considerar o tempo que a tradição oral ou parcialmente escrita circulava entre os fiéis e de como fora ajustada às necessidades e uso da igreja. Em terceiro lugar, devemos considerar o tempo em que esta tradição primeiro oral e depois parcialmente escrita foi publicada e se transformou em documentação escrita e autorizada pela igreja ou igrejas. As epístolas foram "publicadas" numa data definida, sem terem sido previamente relacionadas com o corpo geral de pregação, exceto quando registrado no tratamento individual de cada livro.[28]

TÁBUA CRONOLÓGICA DO NOVO TESTAMENTO		
PERÍODO	PERÍODO DATAÇÃO	PERÍODO DATAÇÃO
COMEÇO 4 a.C. a 2 a.C. 26 d.C. 29 d.C. 29 d.C.	2 a.C. Morte Herodes ⎫ Mateus* 4 a.C. Natividade ⎪ Lucas* 26 d.C. Batismo ⎬ Marcos* 29 d.C. Crucificação ⎪ João* 29 d.C. Ressurreição ⎭	Não há publicações nesse período
EXPANSÃO 29 d.C. a 60 d.C	31-32 d.C. Conversão de Paulo 45 d.C. 49 d.C. Concílio de ⎫ Jerusalém – At 15 ⎪ 52 d.C. ⎪ Epistolas 55 d.C. ⎬ Paulinas 54 d.C. ⎪ 56 d.C. 1ª Prisão ⎪ 69 d.C. ⎭	Tiago Gálatas (Marcos?) 1 e 2 Tes. 1 Cor. (Mateus?) 2 Cor. Romanos Filemom Fp (Lucas e Atos)
CONSOLIDAÇÃO 60 d.C. a 100 d.C.	68 d.C. 2ª prisão de Paulo 70 d.C. Destruição de Jerusalém. Epístolas gerais 85 d.C. 95 d.C.	1Timóteo Tito 1Pedro 2Timóteo 2Pedro Hebreus (Marcos?) Judas 1,2,3, João Apocalipse

---

[28] TENNEY, p.26.
*Relatores históricos da vida e ministério de Jesus de Nazaré.

Capítulo III

A ESTRUTURA DO NOVO TESTAMENTO

A estrutura do NT é consideravelmente diferente da estrutura do AT, difere também o NT em seu arcabouço literário, muito embora, falando-se em abordagem literária, predomine no NT, como no AT, a forma de narração. Encontramos, contudo, no NT, além da prosa ou narrativa, a alta prosa e a poesia. Também é visível no NT aquilo que se denomina "hebraísmos", ou seja, uma forma de falar própria do estilo hebreu presente na escrita grega do NT. Alguns escritores advogam a causa, de que alguns escritos do NT, como Mateus, Marcos e talvez o Evangelho de João (?),[29] em sua escrita autógrafa devam ter sido escritos em aramaico, idioma mais próximo do hebreu, sendo depois vertidos para o grego, para poderem ser lidos nas comunidades gentílicas de fala grega.

1. O material e a forma

Todo estudante do NT já leu sobre o Documento Q, do Alemão Quelle (fonte), de que se serviram Mateus e Lucas na composição de seus Evangelhos. Esse escrito teria sido composto primitivamente no aramaico da Palestina e só depois traduzido para grego; provavelmente em Antioquia da Síria. Q teria sido composto por volta do ano 50 a.C. Tendo em vista ser uma prática da antiguidade o

---

[29] A interrogação se deve ao fato que João ter escrito para a comunidade grega, daí, ser muito improvável tal afirmação.

copismo, onde um documento era reproduzido ou multiplicado por muitas cópias, daí haverem tantos pergaminhos de dos textos autógrafos, é no mínimo de se estranhar que nunca se tenha encontrado uma cópia sequer de tal documento. Teria mesmo existido um documento Q? Tal pergunta é no mínimo razoável.[30] Vejamos abaixo um gráfico da montagem dos evangelhos sinóticos no cânon do Novo Testamento considerando Q como existente:

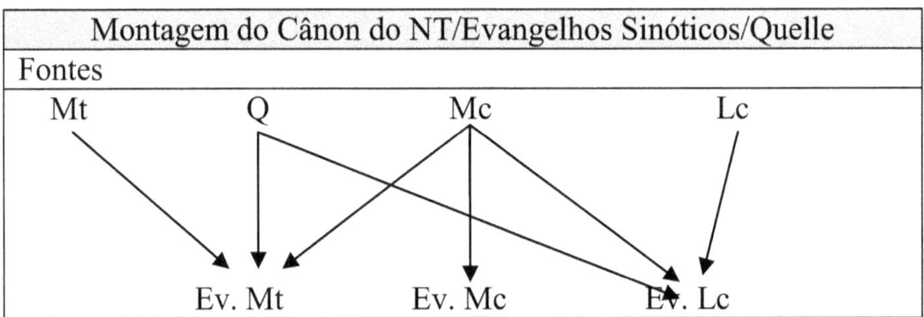

Observe-se no gráfico acima as tradições (documentos antigos) que teriam dado origem aos evangelhos sinóticos e abaixo as hipóteses de seu aparecimento.

a) **O Documento Q:** Seria o mais antigo dos documentos, provavelmente escrito em aramaico. **Q** teria sido a fonte que serviu de base na formação de **Mt** (Evangelho de Mateus) e **Lc** (Evangelho de Lucas). Na verdade, Joaquim Jeremias afirma que o grego koiné apresentado no Novo Testamento é um grego koiné de traços semíticos. Ainda que no ambiente helenístico, deve ser considerado esse colorido semítico como carente de beleza e necessidade de melhoria. A tradição como um todo se comportou muito discretamente na helenização das palavras de Jesus, Essa reserva, nascida do respeito para com o Kyrios,[31] fica evidente especialmente no caso de Lucas, no qual os ditos de Jesus com traços semíticos se des-

---

[30] Não existe qualquer prova da existência de tal documento. O que nos leva a crer que labora-se aí no campo das conjecturas.
[31] Senhor (gr)

tacam notoriamente dentro do quadro do grego apurado que os envolve.[32]

b) O Documento Mc: Tradição que deu origem ao evangelho de Marcos, pode ser um texto mais antigo que o alusivo documento Q. Marcos, segundo os críticos textuais do NT, também teria sido escrito, originalmente em Aramaico, e depois traduzido para o grego koiné. O autor do Evangelho de Mateus pode ter lido o Evangelho de Marcos,[33] Lucas teria lido Mateus e Marcos; tal hipótese é mais provável devido às declarações do próprio evangelista (conf., Lc 1.3). O Evangelho de João não faz parte dos sinóticos, pois é uma tradição independente.

2. A tradição canônica

a) *Preferência da comunidade* – A comunidade cristã primitiva dava preferência à mensagem transmitida oralmente por aqueles que foram testemunhas oculares do ministério e paixão de Cristo. Esta preferência é encontrada nos meados do segundo século, quando Papias, bispo de Hierápolis, diz, na citação de Eusébio: "Pois eu não supunha que a informação dada pelos livros poderia me ajudar mais que a palavra de viva e imorredoura voz."

b) *A influência apostólica* – Na seleção deste abundante material que constituía a mensagem da Igreja Apostólica, os doze eram o cânon e o foram enquanto viveram. Eram as colunas da Igreja, como diz Paulo (Gl 2.9), a quem se deveria referir à mensagem, como ainda afirma o mesmo Paulo *"aos que pareciam de maior influência"* (Gl 2.2). No entanto, esses pilares, essas vozes vivas, não permaneceriam para sempre.

---

[32]JEREMIAS, Joachim, Teologia do Novo Testamento. São Paulo: Teológica & Paulus, 2004. 18 b.

[33] Embora não se afirme categoricamente que Mateus tenha lido Marcos.

c) *Os primeiros livros* – Dentro da quarta ou quinta décadas do primeiro século, teriam começado a surgir os primeiros escritos. Tais escritos foram sementes donde o Novo Testamento procede. Eram documentos rudimentares. Provavelmente, muitos desses registros foram escritos em Aramaico, sendo que os *Testimonia* teriam de ser naturalmente em Hebraico. Esses *Testimonia* (testemunhos) eram textos do AT catalogados pelos primitivos missionários com a finalidade provar o caráter messiânico da encarnação, ministério, morte e ressurreição de Cristo. Muitas destas listas de *textos-prova* serviram à composição dos Evangelhos. O discurso de Estevão em Atos revela a influência dessas listas organizadas. O cânon para a escolha desses textos era naturalmente os doze apóstolos.

3. As diferentes ênfases nos quatro evangelhos

a) O Rei prometido: Mateus é o Evangelho do Rei. Ocupa-se com a comprovação de que o menino nascido em Belém de Judá em circunstâncias especiais e criado em Nazaré é o legítimo cumprimento das profecias a respeito do Messias – ele é o Messias המשיח *ha-Masshiach*, daí porque inicia Mateus o seu evangelho com a genealogia de Jesus. Muito importantes eram as genealogias para os judeus por várias razões. Os direitos da herança; a linhagem sacerdotal e as promessas messiânicas; tudo isso tornava as genealogias documentos de grande valor.

Mateus Apresenta de início a genealogia de Jesus traçando-a de Abraão até José, passando por Davi, estabelece Mateus a evidência de que Jesus satisfaz, neste aspecto, duas condições essenciais para ser o Messias. Primeiro porque ele é descendente de Abraão, segundo porque é descendente de Davi. Mateus prossegue narrando fatos da vida de Jesus acompanhados de citações do AT que corroboram a sua tese.

Jesus nasceu em Belém de Judá, conforme o vaticínio de Miquéias 5.2. Magos vêm adorá-lo e lhe oferecem presentes que só a um rei se traz. Eles o buscavam como "o rei dos judeus".

O sermão do monte é a plataforma de um rei; as parábolas de Jesus são parábolas do reino dos céus. A vinda do filho do homem será a de um rei (Mt 25.31-45), na sua entrada triunfal em Jerusalém recebe aclamações como um rei. Ele vem montado em um jumento, não em cavalo como se havia de esperar de um soberano, é porque assim vaticinou Zacarias (Zc 9.9; Sl 118.25- 26). Essa realeza é confirmada até mesmo diante de Pilatos. Essa realeza, igualmente, se confirma quando entrega aos seus súditos a grande comissão. Ali fica estabelecido que Seu Poder seja sobre os céus e a terra (Mt 28.18-20).

b) **O Servo Ideal:** Marcos apresenta a Jesus como o Servo. E é nesse aspecto que o evangelista apresenta o Messias, no que o evangelista mesmo o chama já de início de: *"Evangelho de Jesus Cristo, Filho de Deus"* (1.1). Jesus é o Filho de Deus, o Messias e Salvador, entretanto "Servo". Tal visão se ajusta bem ao quadro desenhado por Isaías 53, o servo sofredor. Até os demônios o reconhecem como Filho de Deus e proclamam isso (3.11); o centurião romano o declara que Ele é o Filho de Deus (15.39); a voz dos céus também testemunha isso. Ele conhece o que há no íntimo dos homens (2.5; 8.17), todavia ele é o servo, o Servo Ideal.

c) **O Homem perfeito:** A ênfase de Lucas se enquadra na promessa do proto-evangelho (Gn 3.15) - Lucas não cita tanto o AT, pois escreve a quem não tem maior familiaridade com as Escrituras veterotestamentárias.

A genealogia que Lucas nos apresenta do Messias não visa mostrar a sua origem abraâmica e/ou davídica, mas adâmica e divina. Por isso mesmo Jesus é o amigo dos pecadores; de todos os filhos de Adão, até mesmo daqueles que estão excluídos do pacto, no conceito dos fariseus. A citação de Isaías com respeito a João Batista se estende até dizer: *"e toda carne verá a salvação de Deus"* (Lc 3.6; Is 40.3-5). Essa universalidade do evangelho messiânico se verifica de modo especial com relação às mulheres (Lc 3.36,50; 8.3; 10.38).

O Evangelho de Lucas é também chamado de evangelho social, pela ênfase e atenção dispensada aos pobres (6.20, 36; 12.32; 14.33). Diríamos resumindo: os sinóticos dão ênfase na apresentação de Jesus como Rei; Messias prometido; Jesus o Servo; Jesus o amigo dos pecadores; Jesus o Filho de Deus; Salvador de todos os homens.

d) **O Deus encarnado:** O quarto evangelho tem sido denominado de "o evangelho do princípio". As palavras iniciais do quarto evangelho, muito se assemelham às palavras iniciais do Gênesis – ali se lê no texto grego: Ἐν ἀρχῇ ἦν ὁ λόγος – en arqê en ho lógos – No princípio era o verbo – lá em Gênesis em hebreu nós lemos: בְּרֵשִׁית בָּרָא אֱלֹהִים – *Bereshhith bará Elohym "No princípio criou Deus"*.

1. Jesus é o Lógos – João estabelece logo no início a identificação de Jesus como "Logos Divino" criador. A palavra criadora do Gênesis – dhabhar – é o Verbo encarnado do evangelho: "no princípio era o verbo, e o Verbo estava com Deus, e o Verbo era Deus." Esse Logos é diferente do "logos" platônico, o elemento causal do universo, porém impessoal e imanente na criação. Jesus é o Logos Divino pessoal, encarnado e presente no mundo como Deus Filho, o Eterno, Criador incriado.

"Ele estava no princípio com Deus. Todas as cousas foram feitas por intermédio dele, e sem ele nada do que foi feito se fez... e o Verbo se fez carne, e habitou entre nós e vimos a sua

glória, glória como a do Unigênito do Pai, cheio de graça e de verdade"
(Jo 1.1-3,14).

2. Jesus é o Filho de Deus feito homem: O evangelista estabelece como finalidade explícita do seu livro mostrar que Jesus é o Cristo, o Filho de Deus, para que os seus leitores crendo tenham vida em seu nome (Jo 20.31). Por esta razão o material do livro é selecionado com o fim de provar essa tese.

3. Jesus é o Emanuel: É o evangelho da polêmica de Jesus com os fariseus na qual frequentemente reivindica a sua autoridade divina. O Deus que se identifica no Velho Testamento (Êx 3.14) está agora presente na pessoa do Emanuel para repetir "Eu Sou": O Cristo, 4.26; o Pão da Vida, 6.35; Luz do mundo, 8.12; Porta das Ovelhas; 10.7; o Bom Pastor, 10.11; Ressurreição e Vida, 11.25; Mestre e Senhor, 13.13; o Caminho, e a Verdade e a Vida, 14.6; a Videira Verdadeira, 15.1; etc. Feita essa distinção da ênfase, convém, agora, verificar as doutrinas que aí se descobrem e o seu desenvolvimento nas outras porções do NT.[34]

Não é nossa intenção apresentar uma introdução bíblica, mas uma visão hermenêutico-exegética do Novo Testamento. Portanto, não nos estenderemos tanto traçando particularidades dos evangelhos. O exposto acima serve como diretriz básica de abordagem; por isso, achamos necessário fazê-lo. Igualmente, reafirmamos que o hermeneuta/exegeta do NT deve possuir os conhecimentos necessários, os quais são pré-requisitos para se entender a linguagem e a teologia apresentada nos evangelhos e nas epístolas ou no NT de modo geral.

---

[34] O Rev. Nillo Rédua Jr. certa feita pregou um sermão baseado em Ezequiel capítulo um verso 10, onde fazendo uma leitura hermenêutico-cristológica das quatro faces dos seres viventes, comparou as quatro faces dos seres viventes com as quatro apresentações de Cristo nos evangelhos, como segue: 1) Rosto de homem – Evangelho de Lucas; 2) Rosto de Leão; Evangelho de Mateus; 3) Rosto de Boi – Evangelho de Marcos; 4) Rosto de águia – Evangelho de João.

A beleza literária dos evangelhos em relação às epístolas e ao Livro de Atos deve-se, principalmente, ao estilo de ensino usado por seu protagonista principal, Jesus de Nazaré, o qual ensinava por parábolas. Ora, a maestria de Jesus é sem paralelo. Suas parábolas são de uma riqueza fabulosa, cheias de simbolismo. O seu estilo é muito elevado, quase poético, poder-se-ia classificar como alta prosa. É claro que as epístolas também possuem beleza literária, tal beleza se deve, principalmente, ao semitismo literário presente nas mesmas, mormente nas epístolas paulinas. Porém, o fato de constituírem na maioria uma linguagem doutrinária, uma defesa da fé em forma de argumentos apologéticos faz com que não sobre tanto espaço para os adornos literários. Existe, contudo, linguagem elevada e poesia nas epístolas, também; embora, em menor grau que nos evangelhos. A sedimentação de certos textos deixa transparecer bem tais adornos. Observem-se os textos abaixo, devidamente sedimentados:

O Amor de Deus em Cristo Jesus
(ARA Romanos 8:33-39)

Quem intentará acusação contra os eleitos de Deus?
É Deus quem os justifica.
Quem os condenará?
É Cristo Jesus quem morreu
ou, antes, quem ressuscitou,
o qual está à direita de Deus
e também intercede por nós.
Quem nos separará do amor de Cristo?
Será tribulação, ou angústia,
ou perseguição, ou fome, ou nudez,
ou perigo, ou espada?
Como está escrito:
Por amor de ti, somos entregues à morte o dia todo,
fomos considerados como ovelhas para o matadouro.
Em todas estas coisas, porém,
somos mais que vencedores,

por meio daquele que nos amou.
Porque eu estou bem certo de que
nem a morte, nem a vida,
nem os anjos, nem os principados,
nem as coisas do presente, nem do porvir,
nem os poderes, nem a altura,
nem a profundidade,
nem qualquer outra criatura
poderá separar-nos do amor de Deus,
que está em Cristo Jesus, nosso Senhor.

Uma exaltação do amor de Deus revelado em Cristo e uma afirmação categórica da perseverança dos Santos. Numa linguagem altamente elevada. Paulo defende a firmeza do crente, demonstrando que não há força ou poder no universo capaz de anular a força do amor de Deus que nos faz perseverar em Cristo. Afirma a vida vitoriosa do crente diante das provações mais severas, pois sua vida está firme no amor de Deus. Paulo demonstra que nem as agruras desta vida, ou os males deste mundo, ou poderes temporais e carnais, ou tão pouco hostes espirituais ou até mesmo a morte poderá interromper o fluxo dessa tão maravilhosa graça revelada em Cristo. Deus não aceitará nenhuma acusação contra aqueles a quem Ele justificou e por quem Cristo morreu. O tom poético elevadíssimo demonstra a paixão do apóstolo ao afirmar de forma veemente a segurança dos santos.

A Sabedoria de Deus
(ARA Romanos 11:33)

Ó profundidade da riqueza,
tanto da sabedoria como do conhecimento de Deus!
Quão insondáveis são os seus juízos,
e quão inescrutáveis, os seus caminhos!
Quem, pois, conheceu a mente do Senhor?
Ou quem foi o seu conselheiro?
Ou quem primeiro deu a ele
para que lhe venha a ser restituído?
Porque dele, e por meio dele,

e para ele são todas as coisas.
A ele, pois, a glória eternamente. Amém!

Temos aqui uma doxologia, é na verdade um cântico no qual encontramos certo paralelismo verbal com 1Cr 29.14. Possui uma exaltação da sabedoria de Deus ímpar e totalmente autônoma, totalmente inerente de seu ser, também denota a incapacidade do homem de poder dar a Deus alguma coisa, pois tudo lhe pertence e tudo é para Ele.

A Onipotência de Deus
(ARA Efésios 3:20-21)

Ora, àquele que é poderoso para fazer
infinitamente mais
do que tudo quanto pedimos ou pensamos,
conforme o seu poder que opera em nós,
a ele seja a glória, na igreja
e em Cristo Jesus, por todas as gerações,
para todo o sempre. Amém!

Aqui temos outra doxologia. É uma afirmação da onipotência divina, da inexequibilidade do seu poder, cuja potencialidade é infinita, ultrapassando toda a capacidade imaginária do homem. Mas, tal poder, paradoxalmente, "opera em nós". Portanto, Ele merece a glória na igreja, isto é, por estar presente nela e merecer a glória em Cristo, pois foi Ele quem o enviou. Tal louvor deve ser perenemente eterno.

4. Demais livros do Novo Testamento

É claro, devemos ressaltar, que o Livro de Atos, embora seja histórico, é também constituído de beleza literária, principalmente pelas confissões de fé presentes no livro, as quais são denominadas testemonias.[35] Paulo quando interpelado perante os tribunais. Ou no cântico unânime da igreja em Atos capítulo 4.24-30, etc.

É claro que não poderíamos deixar de falar do Livro de Hebreus, obra magnificamente elaborada sob o pano de fundo do cerimonial da Lei. Possui o Livro de Hebreus uma comparação antitética ímpar, própria do semitismo judaico; uma releitura hermenêutica da situação da lei diante de Cristo. Corajosamente demonstra a ineficiência da lei aos judeus da diáspora, a quem se dirige o livro. Identifica claramente o simbolismo profético dos tipos do AT, demonstrando que Jesus é o cumprimento da Lei, ele mesmo é "Melquisedeque" e, é superior a Moisés e o arquétipo dos tipos e símbolos da Lei. Ele que rasgou o véu e nos introduziu no mais interior do santuário celeste.

Por que razão não referir o Apocalipse, cujo estilo literário o torna uma obra sem comparação na literatura bíblica em geral, quiçá, da literatura mundial! Não há outro livro na terra, mesmo que laboremos fora do âmbito religioso, que possua tão elevação de linguagem como o Apocalipse de João. Há aí uma beleza ímpar e uma profundidade tão rica de metáforas e alegorias, que desafiam o mais laborioso dos hermeneutas. Muitos teólogos têm garimpado nas águas profundas deste livro, mas suas profundezas são tão abissais que esgotam os recursos do mais atilado intérprete. Muitos têm buscado uma abordagem devocional para este texto, pois a ousadia de tentar interpretar convincentemente certas passagens do Apocalipse soa, muitas vezes, como prepotência humana. É verdade, há mais símbolos e figuras que, talvez, jamais possamos entender satisfatoriamente. Contudo, há uma grande verdade que deve ser levada em conta: A

---

[35] Tais textos são recitados em Atos capítulo sete, quando da defesa de Estevão, no discurso de Pedro feito no capítulo dois, para que servem para designar textos citados no NT, os quais constituem a profissão de fé da igreja neotestamentária. Além de ser uma afirmação da fé, revelam a certeza da inspiração do Antigo Testamento, o qual constituiu a bíblia de Jesus e dos apóstolos, bem como da igreja, antes que o cânon fosse completado. Tais textos eram coleções didáticas de várias passagens do AT, que foram harmonizadas para constituir um tipo de credo. Geralmente eram compilações do texto hebreu e não da septuaginta.

linguagem do Apocalipse é consolatória e não uma ameaça para a-
queles que temem a Deus. Talvez, haja aí a antecipação de fatos por
vir, com os quais só atinaremos quando vierem à luz no tempo e na
história da humanidade, pois dizem respeito ao futuro. Tais acontecimentos podem estar muito próximo ou, talvez, ainda muito distante
de nós.

Para uma melhor exegese desses livros, ou de parte deles,
com certeza, devem-se observar os passos a serem dados na busca de
sua *interpretatio* ou compreensão. Sem tais passos, ficam prejudica-
das a sua exegese ou hermenêutica. Tais passos podem ser dados na
sequência que segue no capítulo adiante.

Capítulo IV

ETAPAS QUE ANTECEDEM A INTERPRETAÇÃO

Partimos do pressuposto de que a feitura hermenêutica inclui a tarefa exegética, pois, como já temos dito: a Exegese é o gênero e a Hermenêutica é a forma. Não será possível, portanto, uma interpretação acurada do texto sem que se proceda aos passos encetados pela exegese. Por conseguinte, devemos firmar os pontos que precedem à elaboração hermenêutica ou o que podemos chamar de hermenêutica no sentido mais lato da palavra. Havemos de observar que alguns destes pontos são muito óbvios para serem desprezados por qualquer hermeneuta. Dividiremos essa feitura em duas etapas, passos iniciais e arcabouço homilético.

1. Passos Iniciais na interpretação

Antes da interpretação propriamente dita é necessário que o exegeta/hermeneuta dê alguns passos que são essenciais no sentido de preparar o caminho da interpretação textual. Muito embora isso já seja a feitura exegética, podemos dizer que isso é o que precede a hermenêutica ou a interpretação de qualquer texto das Escrituras Sagradas.

a) **Escolha do Texto:** Por uma questão óbvia, esse deve ser o primeiro passo, pois a feitura exegético-hermenêutica pressupõe a existência de um texto bíblico. É possível se fazer exegese ou hermenêutica de qualquer texto, mas ambas pressupõe que o texto deva apresentar alguma dificuldade. Às vezes, esta dificuldade não é aparente na versão, mas no texto original, sim.

b) **Justificação da escolha do texto:** O exegeta/hermeneuta precisa dar as razões pelas quais escolheu determinado texto. A justificação deve apresentar as várias nuances do texto que o levaram à sua escolha, como sua relevância, teologia, dificuldades, etc.

c) **Métrica do texto:** Em caso de textos poéticos, onde o texto original não apresenta uma métrica, é interessante se fazer a métrica ou segmentação do texto em análise. Isso, além de melhorar a visão do exegeta sobre o texto, dá elegância e estilo ao trabalho. Mesmo o texto não poético precisa ser segui-mentado para melhor inteligibilidade e ornato. Esse é um trabalho da Exegese, mas também é um auxílio hermenêutico.

d) **Análise morfológica do texto:** A morfologia pode trazer bastante luz à interpretação do texto, saber se um termo é um substantivo, verbo ou adjetivo, se uma partícula é uma preposição, um advérbio ou conjunção; saber o gênero ou caso ou declinação de uma palavra pode esclarecer bastante uma interpretação. A análise gramatical é muito importante, é preciso observar a força de cada palavra do texto, suas diversas nuances e traduções possíveis, por exemplo: no mesmo autor, mesma obra, mesmo autor outras obras, outros autores outras obras. É necessário o conhecimento da gramática hebraica e da grega para uma boa análise gramatical do texto bíblico.

e) **Tradução do texto:** O exegeta deve traduzir o texto diretamente da edição em língua original, para evitar os erros das versões – *TRADUTORE TRAITORE* (O tradutor é traidor – Lutero). Há várias versões do texto grego que estão à disposição dos estudiosos, devendo-se tomar por base os melhores pergaminhos ou códices.

f) Chave hermenêutica do texto: A chave hermenêutica pode revelar a intenção do autor. Existem chaves gerais que revelam a intenção geral de um livro das Escrituras e há chaves específicas que apontam para interpretação particular de um texto. Há também "chaves" que são próprias de um estilo de falar, como por exemplo, as parábolas devem sempre ser interpretadas tendo em vista uma lição de cunho moral ou espiritual. A chave hermenêutica pode ser determinada pela ênfase geral de um livro ou passagem, ou mesmo pelo prólogo do livro. Os judeus autores da LXX (septuaginta) entenderam que o primeiro livro da Torá (Pentateuco) tratava das gerações, pelo termo que inicia o livro, *bereshîth* "no princípio". João no início do seu evangelho nos apresenta de forma inequívoca o assunto do livro. Paulo em Romanos, tomando uma passagem conhecida do AT, apresenta o assunto da epístola, "o meu justo viverá pela fé".[36] É bom, por exemplo, ler Mateus sob a ótica da majestade de Cristo, pois Mateus no-lo apresenta como o Rei prometido. Já a chave hermenêutica de 1 Coríntios é a unidade da igreja. Quando temos em mente a chave hermenêutica, não perdemos o foco da interpretação, não pendendo, assim, para o erro.

g) Análise lexicográfica do texto: É preciso observar os diversos usos dos termos (polissemia), bem como a sua semiologia (estudo dos radicais ou símbolos de uma palavra). Há bons léxicos à disposição dos estudiosos. Nas bíblias digitais se tem acesso ao Léxico de Strong que é muito recomendado e outros de igual importância, como Thayer e Robinson.

h) Análise da estrutura literária do texto: Essa é a análise que nos permite conhecer toda a estrutura do texto, seja linguística, histórica, estilística, social, política, teológica e analógica. É também uma maneira de separar estruturalmente o texto, destacando os aspectos particulares do texto. Nessa análise, é

---

[36] Habacuque 2:4.

possível determinar a estrutura do texto, observando seu estilo literário e conhecer, por exemplo: seus paralelismos: históricos, sínteses, antíteses, clímax sinonímias, etc.

i) **Sitz im leben:** É uma expressão alemã usual no meio acadêmico semelhante a *background*, ou pano de fundo. Para conhecer bem o texto é preciso analisar o pano de fundo do texto. É preciso conhecer os aspectos que envolvem o ambiente onde o texto foi construindo, sua autoria, a intenção do autor, as circunstâncias históricas, políticas, sociais e religiosas nas quais o texto foi construído, o destinatário ou destinatários. É usual fazer ao texto as seguintes perguntas: Quem? (autoria – incluiu o perfil do autor) Quando? (datação – inclui a situação ambiente) Onde? (local – inclui a geografia local e circundante, hábitos, costumes, etc.) Por quê? (motivo – incluiu as questões religiosas, sociais e políticas) A quem? (destinatário – inclui a situação social, moral, religiosa, etc.).

2. Arcabouço homilético

a) **Esboço do texto:** É no esboço que o exegeta vai traçar as lições do texto, derivando do texto o seu ensino central e periférico. Seria levantar os pensamentos latentes no texto. O esboço já é uma preparação homilética, pois o fim da exegese/hermenêutica é a pregação. Esse esboço precisa conter um tema ou proposição e subitens ou subtemas; devendo haver uma conexão bem concatenada entre eles.

b) **Comentário do texto:** O comentário já é a exegese em sua forma final, ou seja, a exegese propriamente dita. O exegeta deve tecer os seguintes comentários sobre texto:

1. **Lexicográfico:** Dar o sentido de cada palavra do texto no dicionário ou léxico de língua original. Às vezes é bom consultar também o dicionário em vernáculo para constatar se houve

exatidão na tradução ou para buscar uma expressão que melhor se coaduna com o texto em língua original.

2. **Filológico:** Refere-se ao destaque especial de certas palavras do texto que possam salientar alguma verdade importante ou dar melhor o entendimento da passagem em análise. Deve-se principalmente entender o sentido da palavra no seu contexto ou no uso do autor específico. Para isso é necessário o estudo da sintaxe.[37]

3. **Hermenêutico:** Oriundo do termo *hermeneia,* interpretação no grego. No passo hermenêutico o exegeta/hermeneuta procura interpretar o texto dentro do seu contexto político, social, histórico, literário. Todo bom intérprete é fiel ao contexto geral das Escrituras, respeitando as regras gerais de interpretação e procurando ser fiel ao texto; despindo-se de seus preconceitos pessoais e verificando a intenção do autor autógrafo na busca daquilo que porventura seria a intenção ideal e real do autor.

4. **Teológico:** Dar interpretação ou sentido teológico-doutrinário do texto. O exegeta ou hermeneuta deve saber a teologia do texto. Há certos textos muito ricos em teologia. A busca da "grande verdade" é um passo fundamental para se encontrar a teologia principal do texto. O que determina a teologia principal é o assunto predominante do texto. O que determina as nuances teológicas que cercam aquilo que chamamos de "grande verdade" é a argumentação do próprio autor em torno do tema principal do texto.

5. **Prático**: Dar as lições de ordem prática do texto. Seria a contextualização da mensagem. A exegese é no aspecto prático: "Trazer o lá e o então para o aqui e agora"[38] o intérprete pre-

---

[37] Partes da gramática que estuda as palavras enquanto elementos de uma frase, as suas relações de concordância, subordinação e ordem.
[38] Construção gramatical.

cisa buscar a aplicação do texto ao leitor de sua época, para isso é preciso fazer uma releitura do texto à luz da cultura social contemporânea sem prejuízo da teologia do texto e do ensino das Escrituras. Muitos intérpretes hodiernos tendem a se perder nesse passo da exegese/hermenêutica, pois forçam o texto para que este entre em harmonia com hábitos e costumes contextuais, passando por cima do verdadeiro ensino das Escrituras. A contextuação é para levar o leitor ou ouvinte a se aproximar do ideal escriturístico, não para fazer com que as Escrituras se aproximem do ideal do leitor ou ouvinte. A palavra prático deve lembrar que o estudo da Bíblia não deve constar de uma ilustração intelectual, mas de um ensino que deva ser tomado como regra de conduta cristã, pois a Bíblia é a regra áurea e infalível de fé prática ao verdadeiro cristão.

Capítulo V

PRÁTICA HERMENÊUTICO-EXEGÉTICA

Partimos do pressuposto de que a melhor forma de se fazer um bolo é obter a receita. Ora, a receita de um bolo, obviamente, deve conter uma relação das quantidades dos ingredientes e uma explicação do passo a passo a ser seguido pela dona de casa. A exegese/hermenêutica deve possuir uma abordagem prático-científica utilizada no dia a dia pelo pregador da Palavra de Deus. Porém, o grande problema na hora da feitura exegético-hermenêutica é a falta dessa orientação passo a passo na sua feitura. Existem muitos compêndios sobre exegese e hermenêutica, mas as informações são sempre fragmentadas e truncadas. O estudioso carece de um modelo que lhe dê esse passo a passo, por isso, iremos tentar suprir essa deficiência elaborando, na medida do possível, a exegese seguida do desfecho hermenêutico de um texto do NT, tarefa na qual procuraremos seguir os passos acima apresentados.

1. Escolha do texto e justificação da escolha

O texto escolhido para nossa feitura exegética é o texto do Evangelho de João, capítulo primeiro, versos um a quatorze (Jo 1.1-14).

a) **Justificação:** Ao justificar a escolha do texto, devemos observar aspectos como: (a) Relevância do conteúdo; b) Importância contextual; (c) Problema teológico; d) Aspectos doutrinários significativos; (e) Aplicabilidade do texto.

b) **Relevância do conteúdo:** Sobre a relevância do conteúdo deste texto do quarto evangelho, devemos ressaltar a importância sua para construção da fé neotestamentária. Um dos problemas com o qual a igreja inaugurada no início do século teve de conviver foi a discussão sobre a divindade de Cristo. Essa passagem é importante do ponto de vista cristológico, segundo Barnes, pela intenção clara do autor do quarto Evangelho. Para Barnes, fica claro que a intenção de João é demonstrar que o Cristo é pré-existente; que Ele não é um homem que se divinizou, mas Deus que se tornou homem na encarnação.[39] Obviamente a relevância do texto está ligada à concepção da pré-existência e da encarnação do Verbo.

c) **Importância contextual:** sobre a importância contextual, queremos dizer da problemática surgida na história da igreja, logo na sua fase nascitura. Considerando que a maioria dos teólogos da igreja eram homens eruditos, cuja formação cultural era o ambiente helênico; embebidos que estavam da filosofia grega, transportaram para sua reflexão teológica os conceitos dela oriundos. Um pensamento predominante na visão platônica do universo era o pensamento desenvolvido pelo gnosticismo (docetismo) e pelo maniqueísmo. Predominava o conceito de que a matéria é má. Esse conceito levou à seguinte reflexão: Se a matéria é má, a encarnação é um evento impossível. Isso entrava em confronto direto com a crença da igreja de que Jesus era o Logos encarnado. Os gregos criam na doutrina do logos de Platão. O logos para eles era o elemento causal do universo. Ele era transcendente, infinito, perfeito, imanente, incriado, impessoal e eterno. Portanto, era impossível que esse logos transcendente e perfeito pudesse assumir a forma da matéria, imperfeita, finita e má.

---

[39] BARNES, Albert, Notes on the Bible, Biblia on-Line, Sword of the Lord.

A doutrina joanina do Logos confronta o platonismo ao afirmar a encarnação do Logos.

d) **Problema teológico:** O problema teológico abrangido pelo texto se liga à afirmação clara e concisa de João de que o Logos é Deus. Ele não é meramente o elemento causal, mas é o Criador ou co-criador do universo. Nada veio à existência que não tenha tido a sua participação criadora. Outro aspecto é que o Logos (Deus) se encarnou. Logo, a humanidade e deidade de Cristo são colocadas lado a lado e fundidas numa pessoa real, palpável e visível, em confronto com a visão espectral do docetismo gnóstico.

e) **Aspectos doutrinários:** A teologia dominante do texto é a divindade do Logos (Jesus), porém isso envolve outros aspectos doutrinários presentes no texto como: a) Eternidade de Cristo; b) Co-igualdade com o Deus Pai; c) Participação em toda obra da criação; d) Cristo é o doador de toda a vida; e) Cristo é a Luz espiritual dos homens, não como gnosis; f) A supremacia de Cristo cuja luz [verdadeira] que espanca as trevas e, não meramente disputa com ela como no maniqueísmo; g) A filiação do homem com a divindade por meio de Cristo; h) A doutrina do novo nascimento; j) A encarnação como uma realidade palpável não espectral; l) A doutrina da presença real e histórica na qual Ele tabernaculou entre os homens; m) A plenitude divina do Cristo; n) A co-igual de glória do Logos com o Pai; o) A filiação de Cristo com o Pai, como Unigênito na essência da palavra. Vemos, portanto, que este é um texto de conteúdo teológico ímpar. Seria possível serem escritos muitos livros, somente com base na reflexão teológica desta passagem.

2. Aplicabilidade de texto

Esse é um texto cuja aplicabilidade é, antes de tudo, apologética. A divindade de Cristo tem sido atacada ao longo da história da igreja, desde os primórdios, até ao presente momento. Seitas como: as Testemunhas de Jeová, que tão insistentemente batem em nossas portas. O Adventismo, que logra espaço na mídia difundindo sua teologia incongruente com a teologia reformada, que afirma a humanidade e divindade de Cristo, bem como a sua co-igualdade com o Pai e o Espírito Santo e sua existência individual como pessoa da Trindade. E, recentemente, observamos o renascimento do unicismo, nas seitas judaizantes, disfarçadas sobre o rótulo de judaísmo messiânico. O unicismo aborta a doutrina da Trindade e ensina, em síntese, a existência de uma única pessoa na divindade, abolindo a personalidade divina de Cristo e do Espírito Santo. Não somente os "pastores messiânicos", mas, também, outros expoentes da mídia adotaram o unicismo, como, por exemplo: o "apóstolo" Miguel Ângelo, a missionária Valnice Milhomens, etc. Logo, a aplicabilidade dessa passagem está ligada à defesa da unidade pessoal de Cristo, bem como da união e filiação de Cristo com o Pai.

3. Segmentação do texto

A segmentação é o fracionamento do texto por seus versos e estrofes, em caso de poesia, em frases quando se tratar de linguagem narrativa ou prosa simples. O texto em questão é um texto de prosa simples, portanto deve se proceder a sua fragmentação por períodos lógicos ou frases completas, sejam elas verbais ou nominais. Uma frase verbal é aquela que possui um ou mais verbos em sua formação, uma fase nominal é uma frase que não possui verbos. Passemos então à fragmentação ou segmentação do texto alvo da nossa exegese. Primeiro apresentamos o texto linear conforme encontrado na ARA (Almeida Revista e Atualizada); depois a sua fragmentação, na qual, para delinear o sentido lógico das frases, eliminamos alguns elementos liames. Após a fragmentação do texto em vernáculo segue[40] à fragmentação do texto em língua original conforme a versão da NA.

1. Texto Linear

---

[40] Bible Works 7.0 – on-Line Bible – Nestle -Aland 27h Edition.

[1]No princípio era o Verbo, e o Verbo estava com Deus, e o Verbo era Deus. [2] Ele estava no princípio com Deus. [3]Todas as coisas foram feitas por intermédio dele, e, sem ele, nada do que foi feito se fez. [4]A vida estava nele e a vida era a luz dos homens. [5]A luz resplandece nas trevas, e as trevas não prevaleceram contra ela. [6]Houve um homem enviado por Deus cujo nome era João. [7] Este veio como testemunha para que testificasse a respeito da luz, a fim de todos virem a crer por intermédio dele. [8]Ele não era a luz, mas veio para que testificasse da luz, [9]a saber, a verdadeira luz, que, vinda ao mundo, ilumina a todo homem. [10]O Verbo estava no mundo, o mundo foi feito por intermédio dele, mas o mundo não o conheceu. [11]Veio para o que era seu, e os seus não o receberam. [12]Mas, a todos quantos o receberam, deu -lhes o poder de serem feitos filhos de Deus, a saber, aos que crêem no seu nome; [13]os quais não nasceram do sangue, nem da vontade da carne, nem da vontade do homem, mas de Deus. [14]E o Verbo se fez carne e habitou entre nós, cheio de graça e de verdade, e vimos a sua glória, glória como do unigênito do Pai.

1. Texto em vernáculo segmentado

[1] No princípio era o Verbo,
O Verbo estava com Deus,
O Verbo era Deus.
[2] Ele estava no princípio com Deus.
[3] Todas as coisas foram feitas por intermédio dele,
Sem ele, nada do que foi feito se fez.
[4] A vida estava nele
a vida era a luz dos homens.
[5] A luz resplandece nas trevas,
as trevas não prevaleceram contra ela.
[6] Houve um homem enviado por Deus
seu nome era João.
[7]veio como testemunha para que testificasse a respeito da luz,
a fim de todos virem a crer por intermédio dele.
[8] Ele não era a luz,

veio para que testificasse da luz,
⁹ a verdadeira luz,
vinda ao mundo,
ilumina a todo homem.
¹⁰ O Verbo estava no mundo,
o mundo foi feito por intermédio dele,
o mundo não o conheceu.
¹¹ Veio para o que era seu, o
s seus não o receberam.
¹²todos quantos o receberam,
deu -lhes o poder de serem feitos filhos de Deus,
aos que crêem no seu nome;
¹³ os quais não nasceram do sangue,
nem da vontade da carne,
nem da vontade do homem, mas de Deus.
¹⁴ E o Verbo se fez carne habitou entre nós,
cheio de graça e de verdade,
vimos a sua glória,
glória como do unigênito do Pai.

. *Texto grego segmentado*

¹ ᾿εμ ᾿αρχῇ ἦν ὁ λόγος,
καὶ ὁ λόγος ἦν πρὸς τὸν θεόν,
καὶ θεὸς ἦν ὁ λόγος.
² οὗτος ἦν εν ἀρχῇ πρὸς τὸν θεόν.
³ πάντα δι᾿ αὐτοῦ ᾿εγένετο,
καὶ χωρὶς αὐτοῦ ᾿εγένετο οὐδὲ ἕν. ὃ γέγονεν
⁴ ἐν αὐτῷ ζωὴ ἦν,
καὶ ἡ ζωὴ ἦν τὸ φῶς τῶν ᾿ανθρώπων·
5 καὶ τὸ φῶς ᾿εν τῇ σκοτίᾳ φαίνει,
καὶ ἡ σκοτία αὐτὸ οὐ κατέλαβεν.
⁶ ᾿Εγέ´νετο ἄνθρωπος, ᾿απεσταλμένος παρὰ θεοῦ,
ὄνομα αὐτῷ ᾿Ιωάννης·
⁷ οὗτος ἦλθεν εἰς μαρτυρίαν
ἵνα μαρτυρήσῃ περὶ τοῦ φωτός,
ἵνα πάντες πιστεύσωσιν δι᾿ αὐτοῦ.
⁸ οὐκ ἦν ἐκεῖνος τὸ φῶς,
᾿αλλ᾿ ἵνα μαρτυρήσῃ περὶ τοῦ φωτός.
⁹ ἦν τὸ φῶς τὸ ἀληθινόν,
ὃ φωτίζει πάντα ἄνθρωπον,
᾿ερχόμενον εἰς τὸν κόσμον.
¹⁰ ᾿εν τῷ κόσμῳ ἦν,
καὶ ὁ κόσμος δι᾿ αὐτοῦ ᾿εγένετο,
καὶ ὁ κόσμος αὐτὸν οὐκ ἔγνω.
¹¹ εἰς τὰ ἴδια ἦλθεν,
καὶ οἱ ἴδιοι αὐτὸν οὐ παρέλαβον.
¹² ὅσοι δὲ ἔλαβον αὐτόν,
ἔδωκεν αὐτοῖς ᾿εξουσι ᾿αν τέκνα θεοῦ γενέσθαι,
τοῖς πιστεύουσιν εἰς τὸ ὄνομα αὐτοῦ,
¹³ οἳ οὐκ ᾿εξ αἱμάτων
οὐδὲ ἐκ θελήματος σαρκὸς
οὐδὲ ἐκ θελήματος ᾿ανδρὸς ᾿αλλ᾿ ᾿εκ θεοῦ ἐγεννήθησαν.
¹⁴ Καὶ ὁ λόγος σὰρξ ᾿εγένετο
καὶ ᾿εσκήνωσεν ἐν ἡμῖν,
καὶ ἐθεασάμεθα τὴν δόξαν αὐτοῦ,
do,xan w`j monogenou/j para. patro,j(

$$\pi\lambda\acute{\eta}\rho\eta\varsigma \; \chi\acute{\alpha}\rho\iota\tauο\varsigma \; \kappa\alpha\grave{\iota} \; \mathring{\alpha}\lambda\eta\theta\epsilon\acute{\iota}\alpha\varsigma^{41}$$

3. Estrutura do texto na forma de esboço/início, meio e fim

Tema: O Verbo Encarnado

1.

2.

3.

4.

5.

6.

7.

8.

9.

10.

11.

12.

13.

14.

Início:

1. O Verbo encarnado é eterno e divino (no princípio/era Deus).

2. O Verbo encarnado é co-existente com o Pai (estava no princípio).

3. O Verbo encarnado é co-criador com o Pai (sem Ele nada se fez).

4. O verbo encarnado é a Vida e Luz dos homens (nEle estava vida/a vida era a Luz)

5. O Verbo encarnado é o que vence as trevas e as trevas não o compreendem (Luz resplandece/trevas não prevalecem) Parêntese:

6-8. A missão precípua do precursor (testificar do Verbo).

Meio:

9. O Verbo é a verdadeira Luz vida ao mundo (não mera gnoses).

10. **O Verbo não foi conhecido pelo mundo** (Estava/foi feito/não conheceu).

11. **O Verbo foi rejeitado** (pelo que era seu).

12. **O Verbo é filiador** (deu-lhe o poder de serem feitos filhos de Deus).

13. O Verbo comunica vida sobrenatural (de Deus nasceram).

Fim:

14. **O Verbo encarnado tabernaculou entre nós** (com a Glória de Unigênito do Pai/cheio de graça/cheio de verdade.

---

[41] BNT - *Nestle-Aland 27h* in BibleWorks.

A forma do texto é a de um prólogo. É na verdade o primeiro prólogo, pois o Evangelho de João possui vários prólogos: 1º prólogo: 1-14; 2º prólogo: 15-18; 3º prólogo: 19-28; 4º prólogo 29- 31; 5º prólogo: 32-34. A partir do verso 35, Jesus entra em cena, como actante[42] e, então, começa a narrativa evangélica joanina.

4. Outra forma de estrutura salientando as palavras-chave

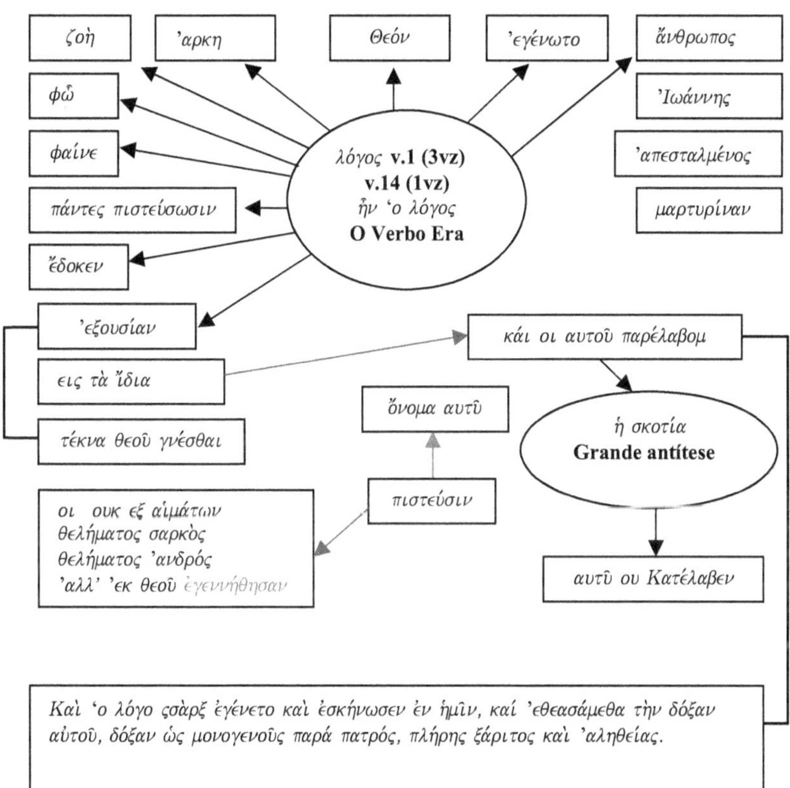

---

[42] Agente da ação indicada pelo verbo.

Vocabulário do texto			
Θεόν	Deus	ἴδια	seu, particular
ἀρχή	princípio	ἦλθεν	vir
ζοὴ	vida	ἐγένετο	fazer (criação)
φωτός	luz	χωρὶς	ad. sem
φαίνει	resplandecer	αυτοῦ	pron. ele
πάντες	todos, todas	ἄντρωπος	homem
πιστεύσωσιν	crer	Ἰωαννης	João
ἔδοκεν	dar, doar	ἀπεσταλμένος	enviado
ἐξουσίαν	poder, autoridade	μαρτυρίαν	testemunha
ἐις	para	παρέλαβον	receber
τά	art. definido	κατέλαβεν	compreender
ὄνομα	nome	ἀιμάτον	sangue
τέκνα	criança, filho	θελήματος	vontade
γενέσται	ser feito	σαρκός	carne
ἀνδρὸς	homem, varão	ἀλλά	adiv. mas
ἐγεννήθησαν	nascer	σκοτία	trevas
ἐσκήνωσεν	tabernacular	ἐθεασάμετα	contemplar
μονογενοῦς	unigênito	πλήρης	pleno, cheio
χάριτος	graça	ἀληθείας	verdade

5. Análise morfológica do texto (João 1:1-14)

[1]ἐν@pd ἀρχή@ndfsc εἰμί@viia3s ὁ@dnms λόγος@nnmsc καί@cc ὁ@dnms λόγος@nnmsc εἰμί@viia3s πρός@pa ὁ@dams θεός@namsc καί@cc θεός@nnmsc εἰμί@viia3s ὁ@dnms λόγος@nnmsc [2]οὗτος@rdnms εἰμί@viia3s ἐν@pd ἀρχή@ndfsc πρός@pa ὁ@dams θεός@namsc [3]πᾶς@ainnpn διά@pg αὐτός@rpgms γίνομαι@viam3s καί@cc χωρίς@pg αὐτός@rpgms γίνομαι@viam3s οὐδέ@b εἷς@acnnsn ὅς@rrnns γίνομαι@vixa3s [4]ἐν@pd αὐτός@rpdms ζωή@nnfsc εἰμί@viia3s καί@cc ὁ@dnfs ζωή@nnfsc εἰμί@viia3s ὁ@dnns φῶς@nnnsc ὁ@dgmp ἄνθρωπος@ngmpc [5]καί@cc ὁ@dnns φῶς@nnnsc ἐν@pd ὁ@ddfs σκοτία@ndfsc φαίνω@vipa3s καί@cc ὁ@dnfs σκοτία@nnfsc αὐτός@rpans οὐ@b καταλαμβάνω@viaa3s [6]γίνομαι@viam3s ἄνθρωπος@nnmsc ἀποστέλλω@vpxpnms παρά@pg θεός@ngmsc ὄνομα@nnnsc αὐτός@

rpdms Ἰωάννης@nnmsp [7]οὗτος@rdnms ἔρχομαι@viaa3s εἰς@pa μαρτυρία@ nafsc ἵνα@cs μαρτυρέω@vsaa3s περί@pg ὁ@dgns φῶς@ngnsc ἵνα@cs πᾶς@ainmpn πιστεύω@vsaa3p διά@pg αὐτός@rpgms [8]οὐ@b εἰμί@viia3s ἐκεῖνος@rdnms ὁ@dnns φῶς@nnnsc ἀλλά@cc ἵνα@cs μαρτυρέω@vsaa3s περί@pg ὁ@dgns φῶς@ngnsc [9]εἰμί@viia3s ὁ@dnns φῶς@nnnsc ὁ@dnns ἀληθινός@annnsn ὅς@rrnns φωτίζω@vipa3s πᾶς@aiamsn ἄνθρωπος@namsc ἔρχομαι@vppmams/vppmnns εἰς@pa ὁ@dams κόσμος@namsc [10]ἐν@pd ὁ@ddms κόσμος@ndmsc εἰμί@viia3s καί@cc ὁ@dnms κόσμος@nnmsc διά@pg αὐτός@rpgms γίνομαι@viam3s καί@cc ὁ@dnms κόσμος@nnmsc αὐτός@rpams οὐ@b γινώσκω@viaa3s [11]εἰς@pa ὁ@danp ἴδιος@ananpn ἔρχομαι@viaa3s καί@cc ὁ@dnmp ἴδιος@annmpn αὐτός@rpams οὐ@b παραλαμβάνω@viaa3p [12]ὅσος@rrnmp δέ@cc λαμβάνω@viaa3p αὐτός@rpams δίδωμι@viaa3s αὐτός@rpdmp ἐξουσία@nafsc τέκνον@nnnpc θεός@ngmsc γίνομαι@vnam ὁ@ddmp πιστεύω@vppadmp εἰς@pa ὁ@dans ὄνομα@nansc αὐτός@rpgms [13]ὅς@rrnmp οὐ@b ἐκ@pg αἷμα@ngnpc οὐδέ@cc ἐκ@pg θέλημα@ngnsc σάρξ@ngfsc οὐδέ@cc ἐκ@pg θέλημα@ngnsc ἀνήρ@ngmsc ἀλλά@cc ἐκ@pg θεός@ngmsc γεννάω@viap3p [14]καί@cc ὁ@dnms λόγος@ nnmsc σάρξ@nnfsc γίνομαι@viam3s καί@cc σκηνόω@viaa3s ἐν@pd ἐγώ@rpd-p καί@cc θεάομαι@viam1p ὁ@dafs δόξα@nafsc αὐτός@rpgms δόξα@nafsc ὡς@cs μονογενής@angmsn παρά@pg πατήρ@ngmsc πλήρης@ annmsn χάρις@ngfsc καί@cc ἀλήθεια@ngfsc. (BNM NT morfológico)

6. Sintax, filologia e lexicografia das principais palavras

1. ἀρχῆ – subst ., dativo, fem., sing., princípio, origem, primazia – no sentido daquilo que é primeiro ou, antes de tudo. Refere-se ao período antes da criação; é mais qualitativo do que temporal (Brown). ἦν – vb., imp, ind., at., 3p., sing., ser, estar, haver, existir. Expressa uma existência contínua atemporal (Bernard),[43] contrastando com ᾿εγένετο do verso 3 (Barret),[44] και – conj., coord., de sentido variado, geralmente como um conectivo "e" ὁ – art., def., masc., sing., λόγος – subst., nom., masc., sing., verbo, palavra, tratado, discurso, etc., aqui, O Logos, como pré-existente, divino e eterno, o que existia antes que qualquer coisa criada existisse, no universo físico

---

[43] RIENECKER, Fritz & ROGERS, Cleon, Chave Lingüística do Novo Testamento (CLNT), traduzida por Gordon Chown e Júlio Paulo T. Zabatiero, p., 161.
[44] CLNT., op., cit., idem., p., 161.

ou espiritual. Uma descrição de Jesus basicamente das Escrituras do AT que O designavam como o divino Revelador da sabedoria e do poder de Deus (DITAT).[45] πρὸς – prep., acus., indicando relacionamento (Brown).[46] θεόν – subst., acus., masc., sing., Deus, deus, também θεὸς Deus, ocorrendo sem o artigo; é o predicado que enfatiza a qualidade do Verbo, no sentido da mesma natureza de Deus "o Verbo tinha a mesma natureza de Deus".[47]

2. οὗτος – pron., dem., nom., masc., sing., "ele" nesse caso se refere ao verbo, πρός – prep., acus., neste caso indicando relação do verbo com Deus, indicando igualdade e coexistência. Subentendendo e enfatizando a totalidade da definição anterior (Westcott)[48]

3. πάντα – adj., nom., neut., pl. Indicando a totalidade das coisas criadas, relacionada com 'ἐγένετὸ δια – prep., gen., indicando posse. Ele, o Verbo é o dono legítimo de tudo que cria, 'ἐγένετο – vb., ind., aur., md., 3p., masc., sing., A atividade criadora é vista como um só evento em contraste com a existência contínua nos versos 1 e 2 (RWP)[49] χωρὶς – prep., gen., sem, a parte de. Subentende a causalidade e a presença (Brown)[50] οὐδὲ – adv., não, nada.[51] Subentende a participação absoluta do Verbo em toda obra criada, seja no mundo físico, seja no mundo espiritual. Sem Ele nada do existe existiria.

4. ζωὴ – subst., nom., fem., sing., cm., vida. O direito ou o poder de outorgar atividade, de vivificar. Aqui, indica uma parte específica da criação, a humanidade (Lightfoot). φῶς – sub., nom., neut., sing., luz. Aquilo que capacita o homem a reconhecer a operação de Deus no

---

[45] Idem., idem., cit., DITAT, Dicionário Internacional de Teologia do Antigo Testamento. Ed. Vida Nova.

[46] Idem, idem.

[47] Idem, Idem.

[48] Idem CLNT, p. 161.

[49] CLNT, cit., A. T. Robertson, Word Pictures in the New Testament, 6 vols. (Nova York: Harper & Brothers, 1930).

[50] CLNT, p. 161.

[51] Idem, idem.

mundo (Hoskyns).[52] Nesse caso, difere da gnosis grega, que propunha a libertação do homem por meio do conhecimento. Essa luz é revelada, sobrenatural. É luz que ilumina a alma e não meramente o intelecto humano. Ela se opõe às trevas e prevalece sobre elas, pois essa Luz é o próprio Verbo e o Cristo é este Verbo. *ἄνθρωπος* – subst., masc., pl., com., homens, indicando a totalidade da humanidade. Potencialmente Ele é a Luz que é suficiente para tirar das trevas o ser humano, não importando sua etnia, raça, cor ou status social.

5. *σκοτία* – subs., dat., fem., sin., com., trevas, relacionada com *κᾶ τέλαβεν* indicando oposição, antítese. As trevas não compreendem a luz, não a entendem; no sentido de receber ou de ter comunhão com ela. *φαίνει* – vb., ind., pres., at., 3p., sing., luzir, brilhar, resplandecer. O indicativo ativo, indicando uma ação linear, continuada. "A luz continua luzindo" (RWP).[53] *οὐ* – adv., negativa "não" introduzindo a idéia da total impossibilidade das trevas em relação com a luz. *κατέλαβεν* – vb., ind., aur., at., 3p., sing., compreender, entender, perceber, aceitar, receber, "prevalecer" (ARA). Agarrar, vencer, captar com a mente, compreender. Talvez João combinasse os dois significados: as trevas não compreenderam nem apagaram a luz (Barrett).[54]

6. *ἀπεσταλμένος* – vb., part., perf., pás., nom., masc., sing., enviar, comissionar, mandar como representante pessoal autorizado (ver DITNT).[55] O perfeito indica o caráter permanente da sua missão. (Morris).[56] *παρὰ* – prep., gen., do lado de. Não indica o mesmo relacionamento estreito como no v.1. *ὄνομα* – subs., nom., neut., sing., nome, distinguindo pessoa. *Ἰωάννης* – sub., nom., masc., sing., Substantivo próprio, João, não o evangelista, mas, o Batista, precursor já

---

[52] Idem, idem.
[53] Idem, CLNT., p. 161., cit., Word Pictures in the New Testament.
[54] Idem, CLNT, p. 161.
[55] Dicionário Internacional de Teologia do Novo Testamento. Edições Vida Nova.
[56] Idem, CLNT, p. 161.

dantes anunciado pelos profetas Isaías e Zacarias "voz do clama no deserto", "o meu mensageiro" (conf., Is 40.3; Ml 3.1).

7. ἦλθεν – veb., ind., aur., at., 3p., masc., sing., vir. Relacionado com João. μαρτυρίαν – sub., acus., fem., sing., testemunha, no sentido da proclamação joanina. João agiu como arauto do monarca divino. Quando os reis visitavam uma província, os arautos reais iram adiante, antecedendo o monarca. Providenciavam a pavimentação das ruas por onde o monarca iria passar e faziam todos os preparativos para sua visitação. ἵνα – conj., subord., afim de que. Como indicativo da missão joanina. μαρτυρήσῃ – vb., subj., aur., 3p., sing., ser testemunha. Usado para explicar o uso anterior (Barrete). πιστεύσωσιν – vb., subj., aur., 3p., sing., crer, confiar. Indica a proclamação de João, apontando para o Logos (Cristo) no sentido de que os homens viessem a crer por meio dEle.

8. Ἐκεῖνος – pron., dem., nom., masc., sing., como demonstrativo "o" relacionado com o discurso joanino. ἀλλὰ – conj., cord., mas, como adversativa, indicando que ele, João, não era Ele a Luz, a qual é o Logos.

9. ἀληθινόν – adj., nom., norm., neut., sing., real, genuíno, autêntico. O antônimo não é necessariamente falso, mas imperfeito, como sombra. Cristo é a Luz perfeita cuja radiância ofusca todas as demais luzes que ante a Ele parecem tenebrosas (Bernard).[57] φωτίζει – vb., ind., pres., at., 3p., sing., derramar luz sobre, trazer luz, instruir. Somente Ele pode tornar claro a cada indivíduo o significado e propósito da vida (Lightfoot). O presente indica que a Revelação está somente nEle (Bultmann).[58] ἐρχόμενον – vb., part., pres., md., acus., masc., sing., vir, viajar, chegar, etc., refere-se a Cristo como a Luz que veio a este mundo. τὸν – art., def., acus., masc., sing., "ao", referente à Luz no mundo. κόσμον – sub., acus., masc., sing., comum: universo, mundo, a ordem toda das coisas criadas. A Luz ilumina "o

---

[57] CLNT., p.161.
[58] Idem, Idem.

mundo" ou a todo homem que está no mundo. Deve ser entendido como uma generalização.

10. ’ἔγνω – vb., ind., aur., at., 3p., sing., conhecer, reconhecer, mais do que conhecimento intelectual: "estar no relacionamento certo" (Morris).[59]

11. ’ἴδιοι – adj., nom., masc., pl., seu, que pertence à pessoa, pessoal. Descreve a terra e o povo de Israel como lar e família de Deus (Westcott).[60] παρέλαβον – vb., ind., aur., at., 3p., pl., receber, levar ao lado de, verbo comum para dar as boas vindas (RWP).[61]

12. ὅσοι – pron., rel., nom., masc., pl., "todos quantos", introduz um *casus pendus* (uma construção deixada em suspenso) que é resumido pelo pronome. ἔλαβον – vb., ind., aur., 3p., pl., receber, pegar, segurar, agarrar, tomar, etc. aqui, "receberam". Esses que o receberam deixa patente o conceito de que *"não eram dos seus"* da sua pátria, mas estrangeiros. É como diz o profeta: *"...Chamarei povo meu ao que não era meu povo e; amada, a que não era amada..."* (conf., Rm 9.25); Os 2.23. ἔδωκεν – vb., ind., aur., 3p., sing., dar, doar, conceder, etc., Somente o Verbo tem o poder doador da vida e é Ele quem liga o homem a Deus (conf., Jo 14.6). ’ἐξουσίαν – sub., ind., at., fem., sing., com., τέκνα – sub., acus., neut., pl., com., filho, criança, relativo à γενέσθαι – vb., infin., aur., med., expoente. Os homens não são por natureza filhos de Deus; somente por meio de receberem a Cristo obtêm o direito de se tornarem filhos de Deus (Barrett). πιστεύουσιν – vb., part., pres., at., dat., masc., pl. crer, confiar. Usado com a preposição que segue: εἰς indica um compromisso ativo com uma pessoa. É a aceitação de Jesus e daquilo que Ele declara e uma dedicação da vida a Ele (Brown).[62]

---

[59] CLNT, p.161.
[60] Idem, idem.
[61] ROBERTSON, Word Pictures in the New Testamento, op., cit., CLNT, p. 161.
[62] CLNT, pp. 161, 162.

13. αἱμάτων – sub., gen., net., pl., com., "sangues". Talvez o sangue do pai e da mãe. Esta frase, e as demais que a se seguem, demonstra que nenhuma agência humana é responsável por semelhante nascimento, nem pode sê-lo (Barrett).[63] θελήματος – sub., gen., neut., sing., vontade, querer, força, etc., Essa vontade relativamente aos elementos citados; sangue, carne e varão é negativa, mas positiva em relação a Deus. σαρκός – sub., gen., masc., sing., carne, sensualidade, etc. Aqui não é o princípio maligno, oposto a Deus, mas a esfera natural, do fraco e do superficial (Brow)[64] ἀνδρός – sub., gen., masc., sing., com., varão, homem. ἐγεννήθησαν – vb., ind., aur., pas., 3p., pl., dar à luz, no passivo, nascer. O novo nascimento independe da natureza humana, mas é um ato soberano de Deus, o homem é um agente passivo. Aqui não há lugar para sinergismo, logo que esse nascimento é divino e sobrenatural. Que participação tem o homem nisso?

14. σὰρξ – sub., nom., fem., sing., com., carne. Aqui representa o homem integral (Brown)[65] ἐγένετο – vb., ind., aur., médio, "se fez". Veio para o cenário humano – como carne, homem (Barrett).[66] Ele mesmo se fez, diferente do nascimento natural, houve uma participação do Logos no ato de se fazer "carne" no ventre de Maria, sem o seu consentimento e concurso tal não seria possível: *"...esvaziou-se a si mesmo, tomando a forma de servo, fazendo-se semelhante aos homens..."* (Fp 2.7,8, ACF). ἐσκήνωσεν – vb., ind., aur., at., 3p., sing., viver numa tenda, estabelecer-se, morar, existir, sustentar-se, etc. O aoristo é ingressivo, adotar uma habitação temporária (Barrett).[67] A carne de Jesus Cristo é a nova localização da presença de Deus na terra; Jesus substituiu o antigo tabernáculo construído por mãos humanas (Brown).[68] ἐθεασάμεθα – vb., ind., aur., med., 1p., pl., observar como num teatro, avistar, ver, contemplar. Atribuir à pala-

---

[63] CLNT, p. 162.
[64] Idem, idem.
[65] Idem, idem.
[66] Idem.
[67] Idem.
[68] Idem.

vra "ver" em semelhante contexto onde tem um sentido puramente espiritual seria atribuir nenhum valor à evidência (Godet).[69] δόξαν – sub., acus., fem., sing., com., glória, aquilo que traz honra e louvor a alguém. Aqui a manifestação da presença do poder de Deus (ver DITNT).[70] μονογενοῦς – adj., normal, gen., masc., sing., único, sem igual (Morris, ver também João 3.16) πατρός – sub., gen., masc., sing., com., pai, genitor. Aqui em referência a primeira pessoa da Trindade, o Deus Pai. πλήρης – adj., normal., nom., mas., sing., cheio, pleno, completude, totalidade, etc. Cristo está cheio, relativo à graça e à verdade. χάριτος – nom., gen., fem., sing., com., graça, bondade, generosidade, misericórdia, etc. ᾽αληθείας – nom., gen., fem., sing., com., verdade. Estes termos se baseiam nos conceitos do AT da graça e da verdade como base da lealdade e fidelidade de Deus à Sua aliança e ao Seu povo da aliança (Barrett).[71] Jesus veio ao mundo na plenitude da graça e da verdade. A graça plena de Deus, graça que o natural Israel rejeitou, e que foi derramada, superabundantemente, onde abundou o pecado (conf., Rm 5.20). Ele é a Verdade absoluta num mundo greco-romano, um mundo que não aceitava absolutos. Com relação aos tempos pós-modernos onde se diz que só há um único absoluto, isto é: "não há absolutos". Contudo, Jesus também diz aos homens desse tempo: *"Eu sou a Verdade"* (João 14.6). Quando Jesus disse a Pilatos: *"...Eu para isso nasci, e para isso vim ao mundo, a fim de dar testemunho du verdade..."* Pilatos perguntou-lhe: *"O que é a verdade?"* (João 18.36,37).

7. Traduções literal/literária do texto e as melhores versões

Tradução literal

1. Em princípio era o Logos, e o Logos estava com o Deus, e Deus era o Logos.
2. Ele estava em princípio com o Deus.

---

[69] Idem.
[70] Idem.
[71] CLNT, p., 162.

3. Todas as coisas por Ele foram feitas, e sem Ele se fez nada tudo quanto fez.

4. Em Ele vida havia, e a vida era a Luz dos homens.

5. E a Luz em nas trevas resplandeceu, e as trevas Ela não compreendeu.

6. Veio um homem, enviado de Deus, nome dele João.

7. Ele veio como testemunha para que testificasse sobre a Luz, a fim de todos virem a crer por meio dEla.

8. Não era este a Luz, mas afim de que testificasse da Luz.

9. Ali a luz a verdadeira, que ilumina todo homem, vindo para o mundo.

10. Em o mundo estava, e o mundo por Ele foi feito, e o mundo Ele não conheceu.

11. Veio para o que era Seu mesmo, mas o que era Seu não O recebeu.

12. Mas todos recebeu Ele, deu eles autoridade filhos de Deus serem feitos, aos que crêem em o nome dEle.

13. Os quais não procederam de sangue, nem de vontade de carne, nem de vontade de homem, mas de Deus foram gerados.

14. E o Logos carne se fez, e morou com nós, e contemplamos a glória dEle, glória como Unigênito do Pai, pleno de graça e verdade.

Tradução Literária

1. No princípio o Verbo já existia, e o Verbo estava com Deus, e o Verbo era Deus.

2. Ele estava desde a eternidade com Deus.

3. Todas as coisas foram criadas por Ele, e sem a sua participação nada foi criado de tudo quanto foi criado.

4. NEle estava a vida, e a vida era a luz do homens.

5. E a Luz resplandeceu nas trevas, mas as trevas não a compreenderam.

6. Houve um homem enviado por Deus; cujo nome era João,

7. Ele veio como testemunha, a fim de testificar sobre a Luz, a fim que todos cressem por intermédio dEla.

8. Ele não era a Luz, mas, veio para testificar a respeito da Luz.

9. Esta é a luz verdadeira, que ilumina a todo homem que vem ao mundo.

10. Ele estava no mundo, o mundo foi feito por meio dEle, mas o mundo não O conheceu.

11. Ele veio para os seus, mas os seus não O receberam.

12. Mas, aos que O receberam, deu-lhes direito de serem feitos filhos de Deus; aos que creram em Seu nome.

13. Os quais não procederam do sangue, nem da vontade da carne, nem da vontade do varão, mas foram gerados por Deus.

14. E o Verbo se tornou carne, e morou entre nós, e contemplamos a Sua glória, glória como do Unigênito do Pai, pleno de graça e de verdade.

Melhores versões

ARA: *"1. No princípio era o Verbo, e o Verbo estava com Deus, e o Verbo era Deus. 2. Ele estava no princípio com Deus. 3. Todas as coisas foram feitas por intermédio dele, e, sem ele, nada do que foi feito se fez. 4. A vida estava nele e a vida era a luz dos homens. 5. A luz resplandece nas trevas, e as trevas não prevaleceram contra ela. 6. Houve um homem enviado por Deus cujo nome era João. 7. Este veio como testemunha para que testificasse a respeito da luz, a fim de todos virem a crer por intermédio dele. 8. Ele não era a luz, mas veio para que testificasse da luz, 9. a saber, a verdadeira luz, que, vinda ao mundo, ilumina a todo homem. 10. O Verbo estava no mundo, o mundo foi feito por intermédio dele, mas o mundo não o conheceu. 11. Veio para o que era seu, e os seus não o receberam. 12. mas, a todos quantos o receberam, deu-lhes o poder de serem feitos filhos de Deus, a saber, aos que crêem em seu nome; 13. os quais não nasceram do sangue, nem da vontade da carne, nem da vontade do homem, mas de Deus. 14. E o Verbo se fez carne e habitou entre nós, cheio de graça e de verdade, e vimos a sua glória, glória como do unigênito do Pai."*

ACF: "1. No princípio era o Verbo, e o Verbo estava com Deus, e o Verbo era Deus. 2. Ele estava no princípio com Deus. 3. Todas as coisas foram feitas por ele, e sem ele nada do que foi feito se fez. 4. Nele estava a vida, e a vida era a luz dos homens. 5. E a luz resplandece nas trevas, e as trevas não a compreenderam. 6. Houve um homem enviado de Deus, cujo nome era João. 7. Este veio para testemunho, para que testificasse da luz, para que todos cressem por ele. 8. Não era ele a luz, mas para que testificasse da luz. 9. Ali estava a luz verdadeira, que ilumina a todo o homem que vem ao mundo. 10. Estava no mundo, e o mundo foi feito por ele, e o mundo não o conheceu. 11. Veio para o que era seu, e os seus não o receberam. 12. Mas, a todos quantos o receberam, deu-lhes o poder de serem feitos filhos de Deus, aos que crêem no seu nome; 13. os quais não nasceram do sangue, nem da vontade da carne, nem da vontade do homem, mas de Deus. 14. E o Verbo se fez carne, e habitou entre nós, e vimos a sua glória, como a glória do unigênito do Pai, cheio de graça e de verdade.[72]

Versão perifrástica

A visão perifrástica é importante no sentido de revelar o entendimento do intérprete das palavras do texto e texto em si. Deve-se ao fazer a perífrase não ficar preso à divisão versicular ou capitular do texto, pois quem faz a perífrase (ou paráfrase) busca a inteligência do texto. Fazer uma paráfrase é buscar as palavras que mais se adéquem à leitura pessoal do texto; portanto, cada um fará a sua própria paráfrase. Numa sala com vinte alunos, certamente, será possível não haver uma paráfrase igual à outra. Entendo que a paráfrase é a leitura da mente, ou do entendimento que cada um tem das palavras. Certamente, a riqueza vocabular e a vivência de cada indivíduo deverão influenciar na forma como lê e ou entende mentalmente um texto. Bom seria que cada um fosse capaz de construir a sua paráfrase, direto do texto em língua original, mas, na impossibilidade de fazê-lo, devido ao não domínio do texto em língua original, poderá fazer esse exercício sobre uma versão vernácula. Apresentamos abaixo uma perífrase elaborada a partir do texto em língua original.

---

[72] A ACF procura ser mais literal, ao passo que a ARA e mais literária.

Perífrase

1. No princípio, antes mesmo que o tempo existisse, o Verbo já existia junto de Deus Pai na eternidade, Ele estava com Deus Pai e Ele era Deus assim como o Pai.

2. Ele estava desde a eternidade junto com Deus, o Seu Pai.

3. Todas as coisas que existem foram criadas por meio Ele; conjuntamente com Pai e sem a sua participação nada veio à existência. Nada de tudo quanto existe veio a existir por si mesmo sem que Ele o criasse.

4. A vida estava no Verbo, e essa vida era a luz para os homens.

5. Essa luz resplandeceu nas travas, mas as trevas não a compreenderam, tão pouco contra ela puderam prevalecer.

6. Mas Deus enviou ao mundo um homem cujo nome era João, o Batista.

7. João, o Batista, veio ao mundo para testemunhar a respeito dessa luz que é o Verbo, a finalidade de seu testemunho era levar todos a crerem por meio dessa Luz que é o Verbo de Deus.

8. Ele não era a Luz, como o Verbo e Luz, mas veio para testificar no mundo sobre o Verbo que é essa Luz.

9. O Verbo é essa Luz, não mera luz, mas a Luz verdadeira, a qual veio ao mundo para trazer a todos os homens a revelação da verdade.

10. Agora o Verbo estava no mundo, o universo inteiro foi criado por meio dele, mas o mundo não o conheceu.

11. Ele veio ao mundo buscar os que eram seus, mas aqueles que lhe pertenciam, os judeus, não o quiseram receber, antes, o rejeitaram.

12. Mas, a todos aqueles que o receberam, judeus e gentios, a esses Ele concedeu o poder de serem transformados em crianças de Deus, por que eles creram no seu nome.

13. Esses que creram nEle se tornaram filhos de Deus, porque não foram gerados por meio do sangue humano, ou simplesmente pela vontade da carne humana, nem tão pouco pela mera vontade de um varão, mas foram concebidos por Deus em graça, pois, no Verbo foram gerados.

14. Ora, o Verbo que estava antes de tudo com Deus se fez carne humana, e quando Ele estava em carne humana, morou no meio de nós, e enquanto Ele estava habitando em nossos meio, nós contemplávamos sua majestade e, sua majestade era como a glória do Unigênito do Pai e Ele estava cheio de graça e de verdade.

8. Chave hermenêutica

A chave hermenêutica do texto em epígrafe está bem delineada pelo autor, tanto no versículo um, o qual pré-anuncia o assunto da perícope, como no paralelo sintético, com o verso 14. Logo se entende claramente que a chave hermenêutica da passagem em questão é o "Verbo", *Λόγος* (gr. *logos*). Vivifica-se que embora a palavra só apareça duas vezes, no texto grego, embora na ARA apareça em forma de inclusio no início do verso 10, a ACF não incluiu o vocábulo, seguindo literalmente o texto grego. A inclusão da ARA apela para a mente do leitor/tradutor, que vê a palavra verbo implícita no texto. Na verdade, há muitas vezes em que a palavra verbo pode estar implícita. Vejamos na versão perifrástica abaixo a inclusão da palavra verbo todas as vezes que ela parece estar implícita:

> *1.No princípio era o Verbo, e o Verbo estava com Deus, e o Verbo era Deus. 2. O Verbo estava no princípio com Deus. 3. Todas as coisas foram feitas por intermédio do Verbo, e, sem o Verbo, nada do que foi feito se fez. 4. A vida estava no Verbo e a vida era a luz dos homens. 5. A luz resplandece nas trevas, e as trevas não prevaleceram contra ela. 6. Houve um homem enviado por Deus cujo nome era João. 7. Este veio como testemunha para que testificasse a respeito da luz, a fim de todos virem a crer por intermédio do Verbo. 8. Ele não era a luz, mas veio para que testificasse da luz, 9. a saber, a verdadeira luz, que, vinda ao mundo, ilumina a todo homem. 10. O Verbo estava no mundo, o mundo foi feito por intermédio do Verbo, mas o mundo não conheceu o Verbo. 11. O Verbo veio para o que era seu, e os seus não o receberam. 12. Mas, a todos quantos receberam o Verbo, o Verbo lhes deu o poder*

de serem feitos filhos de Deus, a saber, aos que crêem no nome do Verbo; 13. os quais não nasceram do sangue, nem da vontade da carne, nem da vontade do homem, mas de Deus. 14. E o Verbo se fez carne e habitou entre nós, cheio de graça e de verdade, e vimos a glória do Verbo, glória como do unigênito do Pai.

Concluímos, com toda certeza, que a chave hermenêutica da perícope em apreço é o Verbo. Trata da divindade do Verbo, da eternidade do Verbo, da missão do Verbo e da encarnação Verbo. 9.

9. Sitz im leben

Não usamos as expressões no mesmo sentido em que a crítica textual o usa, visando excluir do texto as "mentiras", "mitos" ou "meias verdades".[73] Entendemos tais expressões no sentido de levantar o pano de fundo histórico, autoral, social, religioso, etc, do texto alvo. Cremos que o texto deve ser entendido na intenção do autor e cremos que a intenção do mesmo está delineada no texto de forma explícita, não implícita ou nas entrelinhas ou, como dizem alguns, "na mente do autor". Ora, se é difícil imaginar o que vai à mente de um nosso contemporâneo, como saber o que se passava, por exemplo, na mente de Paulo, ou de Tiago ou de qualquer outro autor da Escritura? Crendo que tais signatários queriam ser entendidos por seus leitores, entendemos que devem ter sido claros e objetivos em suas proposições. Como já explicitamos noutro momento, entendemos que traçar o sitz im leben compreende a tarefa de responder as seguintes perguntas às quais procuraremos responder adiante:

a) **Autoria (Quem?):** Essa pergunta aponta na direção da autoria do texto. Essa autoria pode se referir à perícope alvo da exegese, ou à obra toda do autor. Na Escritura há muitas citações de outros autores do texto sagrado Jesus; por exemplo,

---

[73] PETERSON, Eugene H., Um Pastor Segundo o Coração de Deus, p.32,33. Editora Textus, São Paulo.

dos 24 volumes da Tanak, citou 23 deles. Quando o texto é uma citação, deve-se determinar a autoria do autor citado. No caso do texto em apreço, o mesmo autor do texto é autor de todo o Livro. Segue abaixo as notas autorais.

Evangelho Segundo João: Não se inquire no momento, onde ou quando este evangelho teria sido escrito; deixamos claro, entretanto, que foi escrito por inspiração divina por João, irmão de Tiago, um dos doze apóstolos, distinguido pelo honorável epíteto de o discípulo a quem Jesus amava; um dos três a serem convidados pelo Filho de Davi, para participar dos seus momentos de retiro, particularmente quando da transfiguração de Cristo e de sua agonia. Os antigos atestam que João foi um dos doze apóstolos que teve maior longevidade. Teria sido ele o único dos apóstolos a morrer de morte natural; todos os demais foram martirizados. Há muitos que dizem que o Evangelho de João se destinou à igreja de Éfeso, por solicitação dos ministros das igrejas da Ásia, em oposição à heresia de Corinto e dos *Ebionistas*; por afirmarem a respeito de Jesus que Ele era meramente homem.[74] Embora em lugar algum o evangelho dê claramente o nome de seu escritor, pouca dúvida existe sobre ser João, "o discípulo amado", o escritor. Somente uma testemunha dentre os do círculo mais íntimo dos seguidores do Senhor (conf., 12.16; 13.29) poderia fornecer os detalhes íntimos que aparecem no livro. Igualmente, o relato especial, algumas vezes indireto da participação de João, parece confirmar igualmente a sua autoria (conf., 1.37-40; 19.26; 20.2,4,8; 21.20,23,24).[75]

b) **Datação (Quando?):** Parece mais provável que tenha sido escrito antes de seu exílio em Patmos, onde teria escrito o Apocalipse, livro que determina o fechamento do cânon da

---

[74] HENRY Matthew, Commentary on the Whole Bible, in Bible Works 7.00. on-Line Bible, Notes Books John.
[75] Bíblia Shedd. Nota introdutória ao Evangelho de João, p., 1482, 73 HENRY, op., cit. SHEDD., op., cit., p. 1442.

Escritura.[76] O fragmento de uma antiga cópia, que data do início do século segundo, indica que o original, naturalmente, é mais antigo ainda e pertencente ao período de João. Os eruditos conservadores situam-no depois da escrita de outros evangelhos, ou seja, algum tempo depois de 69 d.C. (antes da queda de Jerusalém) e 90 d.C.[77] Se tiver sido escrito depois de 70 d.C. até 90 d.C. teria sido escrito após a destruição de Jerusalém, que aconteceu em 70 d.C.

c) **Local (Onde?)**: Segundo Matthew Henry, João teria escrito este evangelho antes de ser exilado na ilha de Patmos; logo, descarta-e esse local como o local de onde teria ele escrito o Evangelho de João. Também não pode ter sido após o seu retorno a Jerusalém, pois o evangelho foi escrito antes da destruição do templo e, quando ele foi libertado da ilha prisão de Patmos, Jerusalém já havia sido destruída; e tinha João mais de noventa anos então.[78] Não sendo possível determinar donde João tenha escrito o Evangelho, pode-se inferir que tenha sido escrito quando estava em Éfeso; também pode ter sido escrito em Jerusalém, pois, Paulo se refere a ele com um dos pilares da igreja que estava Jerusalém (conf., Gl 2.9). De qualquer forma foi antes de seu exílio em Patmos. Após a ressurreição, ele e Pedro voltam ao mar da Galileia, onde o Senhor se lhes revela (Jo 21:1, 7). Após estes acontecimentos, vemos Pedro e João frequentemente juntos (Jo 3:1; Jo 4:13). Aparentemente, João permaneceu em Jerusalém como líder da igreja aí estabelecida (At 15:6; Gl 2:9). A sua história subsequente   não está registrada. Ele não estava em Jerusalém, contudo, no momento da última visita de Paulo (At 21:15- 40). Parece que se tinha retirado para Éfeso, mas não sabemos em que altura. As sete igrejas da Ásia foram objeto do seu especial cuidado (Ap 1:11). Sofreu perseguições e foi preso em Patmos (Ap 1:9), de onde voltou para Éfeso. Aí

---

[76] HENRY Mattew, op., cit.
[77] SHEDD., op., cit., p. 1442.
[78] HENRI, Matthew, op., cit.

morreu provavelmente em 98 d.C., tendo sobrevivido a todos ou quase todos os amigos e companheiros, mesmo os dos seus anos mais maduros. Existem muitas tradições interessantes sobre João, enquanto ele viveu em Éfeso, mas, a nenhuma se pode atribuir um caráter de verdade no sentido histórico.[79]

d) Motivo (Por quê?): A motivação de João parece dúplice. Primeiro, pela necessidade de deixar um relato escrito de sua vivência pessoal com Jesus, e dos ensinamentos de Cristo, bem como de Seus feitos. Segundo ele mesmo, relatou apenas aquilo que lhe foi possível, quando fala a respeito disso usando uma linguagem hiperbólica (conf., Jo 21.25). João também foi motivado, por seu zelo pastoral, zelo este que, segundo a tradição sentia, especialmente pelas igrejas da Ásia. Outro fator motivador foi defender as igrejas das heresias correntes, às quais negavam ora a humanidade de Cristo, ora a sua divindade. Há no quarto evangelho, portanto, uma forte ênfase na doutrina da encarnação, no que apresenta a Cristo como o Logos divino encarnado, e há também uma forte ênfase na divindade de Cristo. João também nos apresenta uma pneumatologia bem avançada em relação aos outros evangelistas. Vemos que a motivação de João é multíplice, contudo, o foco principal é a divindade de Jesus.

e) Destinatários (A quem?): Os destinatários são aqueles mesmos de quem falamos acima. As igrejas da Ásia. Aquela região era muito vasta e o evangelho fora disseminado ali através do trabalho missionário de Paulo. Muitas comunidades foram fundadas. Era também o berço do helenismo, por conseguinte, o berço da filosofia. Os gregos eram conhecidos como os maiores pensadores do mundo antigo, tendiam a filosofar sobre a vida e todas as coisas, precisavam entender que o evangelho não era uma mera filosofia de vida, mas a Verdade absoluta revelada; um padrão divino e normativo para os discípulos de Cristo e que crer no evangelho era crer nos ensina-

---

[79] Enciclopédia eletrônica Mundo Bíblico.

mentos de Cristo e, concomitantemente, crer nEle. Deviam entender o evangelho no sentido do vernáculo grego; como uma boa nova. Uma boa nova de salvação, uma verdade para a vida a eterna.

10. Comentários do texto

Tendo em vista que a sintaxe, a lexicografia e a filologia das principais palavras já foram feitas em apêndice anterior, passaremos aos comentários, Teológico, hermenêutico e à aplicação prática do texto. Antes, é bom delinear qual é a tarefa do exegeta/hermeneuta nesta parte do seu labor interpretativo, ou o que significa cada um desses apêndices.

a) **O comentário teológico:** Dá o sentido teológico-doutrinário do texto. O exegeta ou hermeneuta deve saber a teologia do texto. Há textos muito ricos em teologia. A busca da "grande verdade" é um passo fundamental para se encontrar a teologia do texto. O que determina a teologia principal é o assunto predominante do texto. A teologia circundante é a argumentação.

b) **Comentário hermenêutico:** Procura interpretar o texto dentro do seu contexto político, social, histórico, literário, etc. A hermenêutica busca o verdadeiro sentido do texto.

c) **Prático:** Dá as lições de ordem prática do texto. Seria a contextualização da mensagem. A exegese é no aspecto prático, segundo Gordon Fee, "Trazer o lá e o então para o aqui e agora".

Concluindo: Diante dos passos anteriores, que compreendem parte da feitura exegético-hermenêutica, passaremos na próxima unidade ao que podemos chamar de hermenêutica propriamente dita. Na verdade, a maioria dos intérpretes queima as etapas antecedentes. Eles vão direto para interpretação textual, tendendo a precipitações interpretativas. Essa prática parte do pré-conhecimento do intérprete e não de investigação acurada. Há, contudo, exceções. Alguns intérpretes, devido ao conhecimento geral da Bíblia e da prática exaustiva da literatura de antigos intérpretes ou mesmo, de autores modernos e contemporâneos, chegam a impressionar por sua capacidade interpretativa. Os intérpretes antigos, exceções à regra, geralmente são melhores do que os modernos e ou contemporâneos.

Capítulo VI

LEITURA INTERPRETATIVA

Introdução

Depois de todo o trabalho realizado, passaremos à leitura interpretativa do texto em epígrafe. Na leitura interpretativa, procuraremos seguir os esboços traçados anteriormente. Verso após verso, estaremos colocando em foco três aspectos: teologia, a hermenêutica e praticidade contextual das verdades contidas nos primeiros quatorze versículos do Evangelho de João.[80]

1. Tema do esboço interpretativo

Toda interpretação bíblica que se dirige à proclamação deve conter um título. Esse título pode ser um tema[81] ou uma proposição,[82] deve-se partir da leitura do texto a ser interpretado para se construir o título. Nós escolhermos, por exemplo, o título: O VERBO ENCAR-

---

[80]Os intérpretes antigos, exceções à regra, geralmente são melhores do que os modernos e contemporâneos

[81]Dizemos que temos um tema se não possuímos uma proposição verbal, nesse caso a frase e nominal; exemplo: O Amor de Deus.
Dizemos que temos uma proposição quando possuímos um verbo no título da exegese ou sermão; exemplo: Deus é Amor.

[82]Dizemos que temos uma proposição quando possuímos um verbo no título da exegese ou sermão; exemplo: Deus é Amor.

NADO; assim, temos uma proposição, pois temos aí um verbo transitivo indireto, fazer-se carne, fazer-se homem, tornar-se humano.[83] Contudo, se escolhermos como título: A ENCARNAÇÃO DO VERBO, teremos um tema, pois não há nenhum verbo na frase, mas "encarnação", que indica o estado do Verbo no mundo, que no caso é um substantivo feminino, ato de revestir de carne, ou estado do que assim é revestido. Na doutrina cristã, fenômeno pelo qual o Filho de Deus se fez homem na pessoa de Jesus Cristo.[84] Dizemos que temos um tema se não possuímos uma proposição verbal, nesse caso a frase e nominal; exemplo: O Amor de Deus. Escolheremos como título de nossa exegese A ENCARNAÇÃO DO VERBO. Essa escolha, contudo, embora seja a opção temática, não tende a ser tópica, no sentido do uso homilético, nem descarta o ônus da prova como no caso da temática sermônica, mas pelo fato de conter uma afirmação implícita, ou seja, que o Verbo se fez carne tende a exigir prova. Sem mais, passemos à interpretação.

2. Exemplo de interpretação textual

A ENCARNAÇÃO DO VERBO
(João 1.1-14).

Introdução: O evangelista João inicia a o seu evangelho de uma forma totalmente diferente dos sinóticos; não faz um preâmbulo para apresentar a genealogia de Jesus, não se preocupa com detalhes exaustivos de seu nascimento, como Mateus e Lucas, nem tão pouco está preocupado em apresentar a sua ascendência davídica. João nos apresenta o Verbo, o Filho eterno de Deus, o Deus encarnado, coCriador do universo, verdadeiro Deus de verdadeiro Deus. Ele olha para a atemporalidade de Cristo, não meramente para o Cristo nascido de Maria, uma virgem de Belém de Judá. João parte da contundente afirmativa de que esse Verbo eterno, o qual é o Filho eterno de Deus, e, portanto, Deus assim como o Pai, tornou-se presente no mundo por

---

[83] Dicionário Eletrônico Houaiss da língua portuguesa.
[84] Dicionário Houaiss, op., cit.

um ato soberano, vertical e auto-divino; Ele, o Verbo, se fez carne. Nessa carne esteve presente no mundo e habitou entre os seres humanos e, enquanto carne Ele era homem. A sua humanidade estava patente, não só numa forma de aparência, mas por meio de um ser palpável (cf., Jo 1.1,14; 1Jo 1.1-3). O Verbo, Jesus Cristo de Nazaré, veio ao mundo para trazer aos homens a Revelação de Deus de forma palpável. Ele era Deus presente no mundo, manifestado em carne, ossos e sangue. Era a segunda pessoa da Divina Trindade no mundo, segundo conceito usado pelos pais da igreja para explicar a Trindade, é *homoousios*. O *Homoousianismo* afirma que a essência do Filho e do Pai e do Espírito Santo é idêntica. O Filho é consubstancial com o Pai,[85] quer dizer, da mesma essência do Pai, mas esvaziou-se de Sua majestade divina, para poder andar entre os homens, como homem. Como diz João, Ele foi reconhecido em figura humana. Muito embora Ele fosse integralmente homem, era também integralmente Deus. Jesus era mais que um ser antropomórfico; Ele é a fusão da natureza divina com a natureza humana. Ele é um ser teantrópico, ou seja, Ele é Deus em forma de homem. Ele é cem por cento Deus e cem por cento homem. Ele é o tempo todo Deus e o tempo todo homem. João, como já vimos anteriormente, procura enfatizar a divindade de Jesus, mais que qualquer outro dos evangelistas, pois ele está convivendo com um sério problema teológico que se arrastaria além do século primeiro aos séculos seguintes e se tornaria motivo de muita discussão entre os pais apostólicos e pós-apostólicos; a questão da humanidade e divindade de Cristo. Somente a partir do quarto século a igreja, junto com a canonização do Novo Testamento chegou, finalmente, a uma definição da pessoa e da substância[86] de Cristo. Para concluir essa introdução pré-anunciamos que a nossa abordagem deve ser elaborada tomando as seguintes divisões: I. A Eternidade do Verbo; II. O Precursor do Verbo; III A Manifestação do Verbo; IV. A Rejeição do Verbo; V. A Missão do Verbo; VI. A Encarnação do Verbo VII. A Glória do Verbo.

---

[85] O Homoousianismo afirma: a essência do Filho e do Pai é idêntica. O Filho e consubstancial com o Pai.

[86] WILLIAMS, Terry, Cronologia da História Eclesiástica, Sociedade Religiosa Edições Vida Nova, São Paulo; 1993. P.33.

I. A Eternidade do Verbo – versos 1-3. ARA[1-3]. *[1]No princípio era o Verbo, e o Verbo estava com Deus, e o Verbo era Deus. [2]Ele estava no princípio com Deus. [3]Todas as coisas foram feitas por intermédio dele, e, sem ele, nada do que foi feito se fez".* Esses três primeiro versos, precipuamente, têm a finalidade de nos apresentar o Verbo como o ser divino eterno e auto-existente e criador de tudo quanto existe. Para comprovar a integralidade dessas conclusões, nós iremos discorrer, paulatinamente, sobre cada frase do texto acima, analisando sua teologia e sentido, bem como sua aplicação para vida prática.

"No princípio" – A expressão usada também é usada em Gênesis 1.1. João, evidentemente, faz alusão aqui a esta passagem, ele, contudo, pensa em aplicar à expressão "o Verbo" o mesmo sentido o qual se aplica a "o Deus". Em ambas as passagens está claro que se pensa numa situação que antecede à criação, antes que o mundo fosse feito, quando nada ainda existia. O que se pensa é: este "Verbo" teve existência antes que o mundo fosse criado. O texto não está falando do homem Jesus, mas daquele que "veio" como um homem, ou Ser encarnado, (Jo 1:14). Os hebreus gostam de se referir a tais expressões como significando a eternidade. Esta eternidade de Deus é descrita no Salmo 90:2 nas seguintes palavras: *"Antes que os montes nascessem..."* Também, a eternidade é comumente, expressada na frase: *"antes da fundação do mundo".* Para qualquer um ao pensar no termo "Verbo" lhe será claro que a Sua existência deve ser antes da criação. E não é Ele uma criatura, ou um ser criado primeiro que os demais seres criados. Tendo existido antes da criação e, por isso, incriado e eterno. Jesus, portanto, deve ser divino. Compare as declarações que o nosso Salvador faz a respeito de si mesmo nas seguintes passagens: Jo 8:58; Jo 17:5; Jo 6.62; Jo 3:13; Jo 6:46; Jo 8:14; Jo 16:28. Barnes procura dar à expressão hebraica *bereshi'th* o mesmo sentido da palavra grega *arqué*, pois assim ele o entende, mas a sua afirmação de que assim os hebreus o entendem. Embora tenha certo sentido, não deve prescindir que os judeus não têm a mesma noção[87] de eternidade que os gregos, ou pelo menos, não tinham, quando

---

[87] BARNES, Albert, Sword of the Lord with an electronic edge.

Gênesis foi escrito ou mesmo séculos depois. Mas, é óbvio que o apóstolo João, teve uma visão helenizada da expressão "no princípio" de Gênesis e que é de posse dessa visão helenizada que ele escreveu. Logo, para João, como já vimos anteriormente, a palavra grega empresta à expressão hebraica um sentido atemporal, eterno, significando "no princípio" o antes de tudo, ou seja, o pensamento de João é demonstrar que o Verbo já existia antes do mundo criado, "antes da fundação do mundo". "era o Verbo" – Grego "era o λόγος Lógos." Este nome lhe é dado antes que Ele viesse a ser "carne", ou encarnasse (Jo 1.14) – isto é, o Messias. Qualquer um deve considerar isto antes de aplicá-lo a ao Senhor Jesus Cristo. Existem muitas opiniões sobre o porquê ou razão desse nome ser dado ao Filho de Deus. Mas, não é necessário repetir estas opiniões. As opiniões que me parecem mais plausíveis talvez sejam as que seguem:

1. O "verbo" é o meio através do qual se nos comunica a Sua vontade; pelo qual nos conduz ao seu pensamento; ou por meio do qual nos transmite os seus mandamentos por meio de outros.

2. O Filho de Deus é chamado de "o Verbo" por ser Ele o meio através do qual Deus promulgou seus mandamentos (veja-se Hb 1.1-3).

3. Esse termo era um termo de uso comum no tempo de João:

a) Ele foi usado no *translado aramaico do Antigo Testamento, "e.g.,"* Is 45.12; *"Eu fiz a terra e criei nela o homem."* Em aramaico está assim: *"Eu, por minha palavra tenho feito, etc."* Is 48.13; *"Também a minha mão fundou a terra, e a minha destra estendeu os céus."* No aramaico: *"Por minha mão eu tenho fundado a terra".* E também em muitos outros lugares.

b) Esse termo era usado pelos judeus como aplicável ao Messias. Nos escritos era comum ocorrer o termo o conhecido termo מימרה "mimra" – isto é "Verbo"; e na pequena parte da interposição de Deus na defesa da nação judaica está declarada como "o Verbo de

Deus". Assim se lê no Targum: עליכון יומא הדין למיהווי לכון לאלה יח מימרה דייי אמלכתון *"Vocês têm apontado o Verbo do Senhor como rei sobre vocês neste dia; Ele será por vosso Deus."* (Targum Neofit – Dt 26.17).[88]

c) O termo usado no meio da diáspora judaica entre os gentios é especial; assim como o conhecido termo usado na filosofia grega.

d) O termo que era usado pelos seguidores de Platão, entre os gregos, para denotar a segunda pessoa da Trindade.[89] O termo grego νοῦς *nous* ou "mente," era comumente usado para designar a segunda pessoa, mas era dito que o *nous* era "o Verbo" ou "razão" da Primeira pessoa da Trindade. Esse termo foi excessivamente usado entre os judeus e gentios antes que João escrevesse seu Evangelho. E era certamente assim que se referiam à Segunda Pessoa da Trindade os cristãos, convertidos do judaísmo ou paganismo para o cristianismo. Foi muito importante, então, o que eles pensavam acerca deste termo que veio de um homem inspirado, e consequentemente de João, no início de seu Evangelho, λόγος Logos, ou Verbo. Foi, também, possivelmente, motivado pelo fato de a doutrina dos gnósticos ter se espalhado no tempo de João. Eles pertenciam a uma seita oriental, e pensavam que o λόγος "Logos" ou era um entre os "Aeones" – o que foi e não é mais criado – e este que foi e não é mais criado, foi unido ao homem Jesus. Quando esta doutrina prevalecia, foi de vital importância João ter-se levantado para defender a verdade a respeito do Logos ou Verbo. O que ele fez foi igualmente importante, para extirpar as dúvidas de pensamento.[90]

O Verbo para João, então, é o Filho de Deus pré-encarnado, eterno, incriado, Deus como o Pai, Criador com o Pai, gerado pelo

---

[88] Works Bible, op., cit

[89] Naturalmente, Barnes quer se referir aos filósofos convertidos ao cristianismo na patrística.

[90] BARNES, op., cit.

Pai, Luz divina, encarnado e presente no mundo de forma temporal na pessoa de Jesus Cristo de Nazaré.[91]

"estava com Deus" – Essas expressões denotam amizade, companheirismo, intimidade. João afirma que Ele estava "com Deus" no princípio – isto é, antes que o mundo fosse feito. Isto implica dizer que Ele era participante da divina glória. Ele era abençoado e feliz junto do Pai. Isto prova que Ele estava intimamente ligado com o Pai. De forma que se Ele participa da glória do Pai, deve ser apropriado chamá-lo de Deus. Ele mesmo se refere a isto; cf., Jo.17.5: "e, agora, glorifica-me, ó Pai, contigo mesmo, com a glória que eu tive junto de ti, antes que houvesse mundo". Veja também João 1.18: Ninguém jamais viu a Deus; o Deus unigênito, que está no seio do Pai, é quem o revelou. Ainda João 3.13: "Ora, ninguém subiu ao céu, senão aquele que de lá desceu, a saber, o Filho do Homem que está no céu". Compare com Filipenses 2.6-7.89.[92]

"era Deus" – Na frase anterior João diz que o Verbo "estava com Deus". Talvez isto pudesse levar alguém a supor que Ele fosse diferente ou inferior a Deus, por isso João afirma seu estado "Ele era Deus". Essa declaração é uma declaração inequívoca da Escritura; deve ser entendida como uma forte comprovação de que o escrito sagrado afirma que o Filho de Deus é co-igual com o Pai; porque:

1. Não há nenhuma dúvida de que, para João, Jesus Cristo é o Logos.

2. Isto não quer dizer que Ele apenas possua "atributos" ou "qualidades" divinas, mas que Ele de fato é Deus. Sua auto-subsistência é real, por isso ele diz que o Logos se fez carne σάρξ *sarx* – Isto é, assumiu uma existência humana.

---

[91] Idem.
[92] BARNES, op., cit.

3. Não há nenhuma variante nos manuscritos, e os críticos têm observado que não há uma tradução mais provável das expressões do texto do que – "o Verbo era Deus".

4. Não há qualquer evidência de que João esteja atribuindo um sentido ou senso inferior à palavra "Deus" no texto. Ele não está dizendo que "o Verbo era um deus", mas o Verbo "era Deus". Ele usa o termo no mesmo sentido que se usa em relação à Adonay, o verdadeiro Deus; por isso, é um absurdo supor que ele esteja dando à palavra Deus um sentido inferior ao se referir ao Verbo. Não denota, em hipótese alguma, que o Verbo tenha uma existência inferior em relação ao verdadeiro Deus.

5. O nome "Deus" é noutro lugar usado da mesma forma como ele o usa aqui, demonstrando que Ele é o supremo Deus. Veja-se: Rm 9.5; Hb 1.8; 1:10; 1.12; 1Jo 5:20; Jo 20:28.[93]. Talvez o pensamento mais importante do verso a ser somado seja:

a) O nome Logos ou Verbo é atribuído a Cristo em referência a sua vinda como Professor ou Instrutor dos homens; o único meio de comunicação entre Deus e os homens.

b) Esse nome era usado nos dias de João para designar o sentido correto da doutrina do Logos.

c) O Logos já existia "antes da criação" – certamente Ele não é uma criatura, visto que Ele existiu por toda a eternidade.

d) Ele estava "com Deus" – Isto é, Ele estava unido com o Pai numa perfeita e íntima união antes da criação. Não significa que Deus estava "consigo mesmo", isto consequentemente quer dizer que o Logos, em certo sentido, é distinto do Deus (Pai), ou seja, há uma distinção entre Pai e Filho. Quando dizemos que há uma distinção não nos referimos à substância, mas ao aspecto pessoal.

---

[93] BARNES, op., cit.

e) Não devemos entender que o Logos fosse "diferente" ou "inferior" em existência – uma criatura – ele afirma que Ele era Deus – isto é, era co-igual com o Pai. Este é o fundamento da doutrina da Trindade:

1. A segunda pessoa é distinta da primeira pessoa.

2. A segunda pessoa está unida à primeira pessoa em essência, portanto, não há dois Deuses.

3. A segunda pessoa é também chamada pelo mesmo nome divino; tem os mesmos atributos; realiza as mesmas obras; é digno da mesma honra da primeira pessoa, e possui a mesma substância, e tem igualmente o poder, a glória e a majestade de Deus.[94] Poderíamos, ainda, acrescentar que essa repetição imprimindo ênfase pode ser considerada uma influência cultural hebraica. Como já vimos anteriormente, os hebraísmos estão presentes por todo o Novo Testamento. É comum ao estilo literário hebreu a repetição paralela, para imprimir ênfase ao assunto e destacar sua importância.

"Ele estava no princípio com Deus." Essa é uma repetição do que já fora antes dito. É mais para demonstrar a importância da verdade comunicada anteriormente; quer dizer, a eternidade de Cristo, sua personalidade distinta e sua própria divindade. Esta frase *"no princípio"* deveria ser acrescentada a cada sentença acima; e prova não somente a sua existência eterna, mas sua eterna existência com o Pai; também sua eterna divindade; é também feita para dar continuidade ao discurso, concernente ao Verbo, e não ao Deus Pai; para expressar, não somente sua coexistência em essência, mas sua co-participação na obra da criação posteriormente mencionada.[95]

---

[94] BARNES, op., cit.

[95] GILL, John, Exposition of the Entire Bible – Sword of the Lord, o-line Bible.

"todas as coisas foram feitas por Ele". Isto é, pelo Verbo. Gênesis 1.1. diz que Deus *"criou os céus e a terra"*; essas expressões são redundantes e seria o mesmo que dizer *"todas as coisas"*. João nesse verso diz de Cristo *"todas as coisas foram feitas por Ele"*. O mesmo Espírito inerrante que estava em Moisés estava também no evangelista João; ora, Cristo e o Pai são Um. Dizer que Cristo fez todas as coisas por delegação de poder de Deus é absurdo; porque isso seria impraticável. A criação é a causa de um plano prévio; é resultado, evidente, de uma obra que só poderia ser realizada por um ato onipotente. Ora, Deus não pode delegar onipotência a outro; se a onipotência pudesse ser delegada, aquele que recebesse delegação de onipotência viria a ser Deus. Deus mesmo não pôde achar outro semelhante a Ele (cf., Is 40.25; 46.5,9; Jr 49.9; 2Sa 7.22, etc.). Ora, não podem haver dois onipotentes, pois essa expressão exclui tal possibilidade.[96] "todas as coisas" – O universo. A expressão não pode se limitar a uma parte do universo. Tal afirmativa expressa melhor a totalidade das coisas criadas; toda a vasta massa do mundo material, e todos os animais e toda coisa grande ou pequena, tudo que compõe o mundo. Veja-se Ap 4.11; Hb 1.2; Cl 1.16.[97]

"foram feitas" – O verbo original usado aqui tem o sentido de "ser" e significa "existir" por Ele; mas aqui expressa a idéia de criação. Isto não deve alterar o senso do seu significado, isto é, "existir por Ele" ou "existir 'criado' por Ele". Esse verbo é constantemente usado no sentido de "criação" ou de formar algo a partir do nada. Veja-se Tg 3.9 no NT e Gn 2.4; Is 48.7; na LXX.[98]

"por ele" - Temos aqui uma afirmação de que a "criação" foi efetuado por "o Verbo" ou, o Filho de Deus. Em Gn 1.1, é dito que no início Deus criou os céus e a terra no Sl 102.25-28, tal obra é atribuída a Adonay. O "Verbo" ou Filho de Deus é apropriadamente chamado de "Deus". A obra da "criação" é uniformemente

---

[96] CLARK, Adam, Commentary on the Bible. Sword of the Lord, on-line Bible.
[97] BARNES, op., cit.
[98] Idem.

atribuída nas Escrituras a Segunda Pessoa da Trindade. (cf., Cl 1.16; Hb 1.2,10). Segundo esta forma de pensar, evidentemente, é Ele o agente, ou eficiente criador, por meio do qual o universo foi feito. Isto é uma grande prova da onipotente obra da criação. Essa afirmação de que o universo é obra de Deus, mormente, é feita em oposição aos ídolos. (cf., Is 40.18-28; Jr 10-16; Sl 24.2; 39.11; Pv 3.19). Seria um absurdo atribuir um feito onipotente a uma criatura. Se Ele não fez uma criatura onipotente, Ele também não fez uma criatura onisciente e também não pode ter feito um ser onipresente; infinitamente sábio e deus. Ele não poderia investir uma criatura de seus atributos divinos, isso seria criar alguém igual a Ele mesmo, então, haveria dois Deuses e não um somente ou muitos Deuses os quais Ele teria feito. Ora, isso é um absurdo! O princípio, então, deste "criar" todas as coisas deve ser divino; e então entendemos que esta obra é atribuída a Jesus Cristo, e as Escrituras uniformemente declaram que tudo o universo é obra de Deus, Jesus Cristo, então, é co-igual com o Pai.[99]

"sem ele" – Sem Sua agência; Sua atenção; Sua diligência, o seu poder. Compare com Mateus 10.29. Essa afirmação tem um poderoso sentido, designa ou confirma não haver possibilidade de dúvida, mas quer dizer justamente o que diz. Ele quer dizer, então, que todas as coisas, no sentido generalizado, foram feitas por Cristo. Nesta parte do versículo ele lança fora toda e qualquer dúvida e afirma, com certeza, "sem exceção," não há qualquer coisa, absolutamente, ou nem mesmo por um minuto sequer, sem importância, a qual não tenha sido feita por Ele. Desse jeito, ele confirma o que afirma no primeiro verso. Cristo não é meramente chamado de Deus, mas diz que Ele é o Verbo de Deus. Essa afirmativa tem o sentido de um nome próprio, no sentido de atribuir-lhe suprema divindade. Jesus mesmo recorre a esta prova para provar que Ele era divino. (cf., Jo 10.37), *"se não faço as obras de meu Pai, não me acrediteis"*. Jo 5.17: "meu Pai trabalha até agora, e também eu trabalho".[100]

---

[99] BARNES, op., cit.
[100] Idem.

O verbo encarnado é a Vida e Luz dos homens ARA[4]. *"A vida estava nele e a vida era a luz dos homens"*

> *"A vida estava nele"* – Muitos MSS.,[101] versões, e pais da igreja, conectam isto com os versos precedentes, Assim: *"Todas as coisas foram feitas por ele, e sem ele nada se fez."* O qual tinha em si a vida, mas Esta Vida era a luz dos homens. Isto é, de qualquer forma todas coisas têm nEle o seu princípio vital, seja vegetal, seja animal, ou intelectual. A mera percepção humana ou capacidade natural do intelecto para apreender conhecimento, mesmo que seja sobre Deus e os aspectos da salvação; não pode e não devem ser confundidos com essa Luz superior e divina; isso não seria a Luz dos homens, mas um princípio da vida animal ou humana, mas, "o Verbo" é esta. Luz intelectual não poderia guiar um homem ao céu. Ninguém pode, por meio de uma mundana percepção do conhecimento de Deus, ser salvo, como acreditavam os pais gnósticos (1Co 1.21). Então, estas expressões, *"nele estava a vida"* não podem ser entendidas por vida natural, mas pela vida eterna a qual Ele revela ao mundo, 2Tm 1.10, por meio da qual Ele aponta o caminho, João 14.6, a qual é prometida aos crentes, João 10.28, a qual Ele adquiriu para eles, João 6.51, 53, 54, a qual Ele é designado para lhes dar, João 17.2, pela qual Ele pode erguer os mortos, João 5.29, porque Ele tem a vida em si mesmo, João 5.26. Tudo isto ainda se comprova:

1. Por meio das satisfatórias expressões: 1Jo 5.11, O testemunho é este, que Deus nos Deus a vida eterna; e esta vida está em seu Filho: o qual é o verdadeiro Deus e a vida eterna, 1Jo 5.20; a ressurreição e a vida, Jo 11.25; quem crê em mim, ainda que morra viverá, Jo 14.6, a vida.

2. Por estas palavras, Jo 1.7, João veio para dar testemunho da a Luz para que todos viessem a crer por meio dela, a saber para a vida eter-

---

[101] Manuscritos.

na, 1Tm 1.16; portanto assim João testemunhou, Jo 3.15; 3.36. E, portanto, consequentemente, este que é a vida, precisa ser também a luz dos homens, para conceder o conhecimento da vida e, Ele é o caminho que conduz à vida. Isto deve ter alguma relação como Gênesis 3.20: E Adão chamou sua mulher Eva, חוה *chava*, ζωὴ, "vida", porquanto ela era a mãe de todo ser vivente. Mas não é Jesus a semente da mulher que deveria pisar a cabeça da serpente, e dar a vida ao mundo?[102]

O Verbo encarnado é o que vence as trevas e as trevas não o compreendem: ARA[5]. *"A luz resplandece nas trevas, e as trevas não prevaleceram contra ela"*.

"E a luz resplandece nas trevas" – Por trevas devemos entender:

1. O mundo pagão, Ef 5.8.
2. O povo judeu.

3. O espírito humano decaído.

"não a compreenderam" – αυτὸ 'ου κατέλαβεν, não a puderam impedir – não a puderam atrasar, diz Mr. Wakefield, o qual adiciona uma judiciosa nota: "Em meio às trevas da ignorância e da idolatria a qual cobria o mundo, esta luz da Divina sabedoria estava totalmente eclipsada: os judeus deveriam ser uma lâmpada que brilhasse perpetuamente diante das nações em redor; e os mais brilhantes luminares, entre os pagãos, nunca o houve maior carência tanto da justiça como da dignidade dos atributos e providência de Deus e sua divina sabedoria entre as nações; que tamanho grau de incapacidade tiveram eles de brilhar, como luzes num lugar de treva, 2Pd 1.19. (comp., At 14.17; 17.28, 29)."

II. O Precursor do Verbo – versos 6-8. ARA: [6] *"Houve um homem enviado por Deus cujo nome era João."* [7] *Este veio como testemunha para que testificasse a respeito da luz, a fim de todos virem a crer*

---

[102] 9 CLARKE, Adam, op., cit.

por intermédio dele. 8 Ele não era a luz, mas veio para que testificasse da luz”.

“Houve um homem enviado por Deus cujo nome era João”. – João Batista foi um profeta do Novo Testamento que falou para as pessoas da vinda de Jesus. Ele também dizia às pessoas que elas tinham que ser batizadas. Isso mostraria que elas estavam arrependidas de seus pecados. Ele batizou até mesmo Jesus no Rio Jordão. João sabia que Jesus tinha vindo para a terra como Salvador dos homens; ele se certificou de que todos os que andavam com ele soubessem disso.[103]

O Apelido – Um homem com um epíteto, ὁ βαπτιστὴς – o batista. Ele recebeu essa alcunha por parte dos evangelistas, ou assim se tornou conhecido dos seus contemporâneos por praticar o batismo de forma diferente das comunidades essênias de seu tempo. Os essênios levavam cerca de três anos para batizar um converso e introduzi-lo em sua comunidade definitivamente, pois só o faziam depois desta longa catequese. João, o Batista, batizava a todos os que vinham a ele em Enom; num lugar onde havia muitas águas (conf., Jo 3.23). O Evangelista desenha as características do ministério de João Batista, a honorável testemunha.[104] Mais tarde irá falar de forma mais dilatada a respeito de suas características e de sua ação como precursor do Messias Jesus Cristo.

“enviado por Deus” – Somos antes de tudo levados a reconhecer que ele era um homem enviado por Deus. O evangelista, diz a respeito de Cristo, que Ele estava com Deus e também, que Ele era Deus; mas, concernente a João ele diz que era um homem, meramente um homem. Na verdade João era um grande homem, mas era um homem, um filho de homem, ele foi enviado por Deus, ele era o mensageiro de Deus, assim profetiza ao seu respeito Malaquias (conf., Ml 3.1). Deus lhe dá ambas, uma missão e uma mensagem, ambas com suas credenciais e instruções. No ministério de João não houve milagres, ele não teve visões e revelações. Mas a pureza e o rigor de sua vida e

---

[103] ILÚMINA, Enciclopédia on-line.
[104] HENRY, op., cit.

doutrina, e sua intenção direta de reformar o mundo, reviveu o interesse no Reino de Deus entre os homens. Isso era a plena indicação de que era ele o enviado de Deus.[105]

Sua Missão – Somos levados a saber, definitivamente, qual era o ministério ou serviço de João (conf., v.7). Ele veio mesmo como testemunha, uma testemunha ocular, uma testemunha principal. Ele veio como εἰς μαρτυρίαν *eis martirían*. A instituição da Lei teve um longo testemunho de Deus na igreja judaica; porque o testemunho continuou por meio do tabernáculo do testemunho, a arca do testemunho e a lei e do testemunho. Mas, agora a divina Revelação toma um novo canal, agora o testemunho de Cristo é o testemunho de Deus (conf., 1Co 16; 2.21). Entre os gentios, Deus realmente tem o seu próprio testemunho (conf., At 14.7). Mas não havia um testemunho do Redentor entre eles. Este era o profundo silêncio concernente a Ele. Até que João Batista viesse para testemunhar a Seu respeito. Agora observe: (1) A matéria do testemunho: ele veio como testemunha para testemunhar a respeito da luz. A luz é uma coisa que testemunha por si mesma. Mas, se alguém cerrar os seus olhos diante da luz, será necessário que alguém testemunhe sobre ela. A luz de Cristo não necessita de humano testemunho, mas, em contrapartida, o mundo jaz nas trevas. João era como um velador, o qual era colocado a noite nas cidades para iluminar a escuridão, proclamando a proximidade da noite, diante daqueles cujos olhos estavam fechados, e não observavam o cair das trevas, como um guarda a quem perguntam sobre a chegada da noite (conf., Is 21.11,12). Ele foi enviado a um mundo que por longo tempo aguardava o Messias, agora Ele havia chegado, o qual era a luz para os gentios e a glória para o povo de Israel. Para trazer a luz, a imortalidade e a vida (vide Is 42.6; 2 Tm 1.10).[106]

"como testemunha" – Para dar testemunho. Ele veio par preparar as mentes dos homens para receber a Cristo, Mt 3, Lc 3; para os condu-

---

[105] Idem.
[106] HENRY, op., cit.

zir ao arrependimento diante de Deus; e apontar o Messias para quando Ele viesse, João 1.31.

"a respeito da luz" – Isto é, o Messias. Compare Is 60.1. *"a todo homem"* - Este era o objeto do testemunho de João, todo povo que pudesse crer. Ele fora designado para preparar o caminho e isto ele fez; anunciando a vinda do Messias, para dirigir as mentes dos homens para Ele, assim ele os preparava para crerem nEle quando chegasse. Assim, ele os batizava, dizendo: *"que cressem naquele que após ele havia de vir, isto é, Jesus"* (Atos 19.4), e produziu neles uma verdadeiramente expectativa pela vinda do Messias. O testemunho de João era especialmente valioso diante dos seguintes acontecimentos:

1. Ele foi apresentado quando ele não tinha ainda conhecimento pessoal com Jesus de Nazaré. Certamente o seu testemunho contribuiu para eles viessem a crer nEle, João 1.31.

2. Isto foi suficiente para causar excitação e uma geral atenção e fixar as suas mentes nisto.

3. No entendimento de todos, João foi reconhecido como um profeta de Deus – *"pois todos consideram ser João um profeta"* (Mt 21.26).

4. Seu testemunho tinha "como intuito expressar o seu propósito" de declarar antecipadamente o aparecimento do Messias.

5. Seu testemunho era sem interesse pessoal. Ele sabia que quando o Messias viesse; ele deixaria de ocupar o lugar protagônico. Ele tornou-se por causa de sua pregação veemente e seu estereótipo de profeta, extremamente popular. Muitos até pensavam que ele fosse o Messias. Isto parecia evidente pelo seu "poder" em formar um grande grupo de seguidores, e para preparar de forma extensiva a vinda de Cristo. Ele era extremamente honrado, mais do que qualquer judeu aspirava ser; e isto demonstra o valor do testemunho de João, mas o seu desejo era lançar toda essa honra aos pés do Messias

quando Ele aparecesse; demonstrou total desapego às coisas deste mundo, que a honra dos homens e que tudo mais era sem valor para ele; postou-se como um servo humilde disposto a render-lhe toda honra (Mt 3.11).[107]

"por meio dele" – A finalidade do testemunho de João era levar os outros a crerem em Cristo e não nele mesmo.

"não era a luz" – Não era *"o Messias"*. Esta era a declaração explícita de João aos seus discípulos. Fica evidente que ele não era o Messias nos versos seguintes. Por meio desses João no leva a pensar:

1. A necessidade de depositar toda honra aos pés de Jesus.

2. Como João veio para fazer com que todos cressem, também ele mesmo não é inferior qualquer ministro de Cristo. Ele veio com similar propósito: fazer com que todos viessem a crer nEle como salvador.

3. Nós não podemos relacionar um ministério evangélico que tenha levado mais gente à salvação do que o de João; e seu ministério era simplesmente direcionar o povo para *"o Cordeiro de Deus que tira o pecado do mundo"* (Jo 1.29).[108]

Traçando um perfil de João, o Batista

a) João estava destinado para obra que realizou. Muito antes de ele aparecer no palco do Novo Testamento, fora já indicado pelos profetas como *"o mensageiro do Senhor"*, (cf., Ml 3.1). Ele, como arauto divino, à semelhança dos antigos costumes, seria o preparador e pavimentador do "terreno" por onde o Messias haveria de passar. Ele seria uma voz clamando no deserto, na verdade, uma indicação geográfica, o *"templo"* ao ar livre do grande profe-

---

[107] BARNES, op., cit.
[108] BARNES, op., cit.

ta João, mas que também serve para designar o estado espiritual do mundo de seu tempo, (cf., Is 41.3,4).

b) Ele é apontado como sendo o limite entre a antiga aliança da lei e do período profético e a nova era do Reino, (cf., Lc 16.16).

c) Desde o princípio sua vida foi marcada por acontecimentos que demonstravam que ele seria um homem ímpar na terra (Lc 1.13,60,63). Ele era o enviado de Deus e recebeu uma missão definida e cumpriria cabalmente o seu ministério (Jo 1.6).

d) Ele aparece abruptamente no palco da história; não buscou os lugares populosos, os grandes centros, templos ou praças públicas, mas, segundo estava profetizado, foi pregar no deserto, mas ali no deserto as multidões ficavam embevecidas com seu discurso e atendiam a sua pregação recebendo o batismo de arrependimento, batismo este que lhe fora ordenado pelos céus (cf., Mt 3.1,4; 21.25; At 13.24). O próprio Messias, Jesus Cristo, foi batizado por ele no Jordão (cf., Mc 1.9). Ele costumava batizar em Enom, pois o lugar era favorecido por muitas fontes de água (cf., Mt 3.13; Jo 1.28; 3.23-24).

e) Os escribas e fariseus não deram crédito à pregação de João Batista, mas o povo comum creu nele. Pois ele batizava publicanos e meretrizes (cf., Mt 21.32). Ele pregava o batismo de arrependimento para remissão de pecados (cf., Mc 1.4). Sua pregação era intrépida, audaciosa e muito vigorosa. Ele chamava os acorriam para ouvi-lo e receberem o batismo de *"raça de víboras"* e, anunciava a vindoura ira de Deus; anunciava com veemência a vinda de seu sucessor, perante o qual ele não se considerava digno (cf., Lc 3.2; 7.16, 29).

f) João um homem humilde, totalmente desprovido de qualquer vaidade, vestia-se como um dos antigos profetas, alimentava-se frugalmente (cf., Mt 3.4); mas ele não era um fraco, como disse Jesus ele não era *"uma cana agitada pelo vento"*, mas era *"um profeta"* ou *"muito mais que um profeta"; "o maior dentre os nascidos de mulher"*, (cf., Mt 11.7-13). Ele usava uma linguagem, figurada, mas bem conhecida de sua época para se comparar com o Messias: *"Quem pensais vós que eu sou? Eu não sou o Cristo, mas eis que após mim vem aquele a quem não sou digno de desatar as alparcas dos pés. Convém que ele cresça e que eu diminua"* (At 13.25); dizia humildemente: *"convém que ele cresça e eu diminua"* (Jo 3.30).

g) Ele tinha uma nítida visão acerca de si mesmo e, quando os homens lhe indagaram sobre quem seria ele, deu resposta, clara, acurada e concisa (cf., Jo 1.15-28).

h) Ele era um homem de visão e sabia qual era a sua missão, tinha indicação clara dos céus sobre quem seria o Messias (cf., Jo 1.33); mas, como todo profeta e sendo ser humano, teve o seu momento de crise, pois na lúgubre prisão, foi atacado pelos terrores do inferno e pela depressão e momentaneamente titubeou e mandou indagar a Jesus. Jesus não deixou João sem resposta e, cremos, evidentemente, que João tenha crido e ficado confortado com a resposta objetiva de Jesus (cf., Lc 7.16-22).

i) João terminou os seus dias na prisão, porque a sua pregação incomodava a Erodias, mulher de Erodes, visto que ele denunciava o seu incesto, pois Erodias havia sido mulher de Filipe, irmão de Erodes e, segundo a lei e os princípios morais, ele não podia possuí-la. Erodias providenciou a morte por decapitação de João e seus discípulos sepultaram seus restos mortais (cf., Lc 3.19-20; Mc 6.24-29).

j) A presença de João foi tão marcante que, quando Jesus deu continuidade ao seu ministério e alardearam-se por toda parte os milagres que ele fazia, bem como a intrepidez com anunciava o Reino de Deus, pensaram que Ele fosse João ressuscitado dentre os mortos (cf., Mt 14. 2-10; 16.14; Mc 6.14-20; 8.28; Lc 9.7,19).

Concluindo: Esse foi o homem chamado João Batista, humilde entrou no palco da história, humilde saiu dele, porém, cumpriu com coragem e vigor o seu ministério, desempenhou cabalmente o seu papel. Com certeza poderíamos listar a João entre aqueles *"homens dos quais o mundo não era digno"* (Hb 11.38).

III. A Manifestação do Verbo – "ARA [9] *"a saber, a verdadeira luz, que, vinda ao mundo, ilumina a todo homem. [10]O Verbo estava no mundo, o mundo foi feito por intermédio dele..."*

O caráter distintivo da luz é revelar aquilo que está nas trevas ou oculto. Luz na Escritura também simboliza conhecimento, entendimento "revelação"; também é um ícone da presença divina, como no tabernáculo de Moisés (Ex 25.37; 2Cr 13.11); Davi declara: *"o Senhor é a minha luz..."* (Sl 27.1); Jesus disse: *"Eu sou a luz do mundo; quem me segue, não andará em trevas; pelo contrário, terá a luz da vida"* (Jo 8.12).

"a verdadeira luz – Não João, mas o Messias. Ele não era falso, certamente, um falso guia apontaria um caminho escabroso, mas era alguém, isto é, era o verdadeiro, real, firme e merecia confiança. Uma falsa testemunha não denuncia o perigo e o erro, como um farol falso na beira do oceano, para talvez conduzir a nau para colidir com as rochas ou, fatidicamente, ao atoleiro e precipícios mortais. Uma luz verdadeira não é algo que nos engane, como um verdadeiro farol deve nos orientar ao porto e avisar do perigo. Cristo não desencaminha. Como todo falso mestre o faz.[109]

"ilumina" – Essa Luz instruiu. Ele remove as trevas, o erro e a ignorância da mente.

"todo homem" – Esta é expressão está denotando, em geral, toda a raça humana – judeus e gentios. João pregou para os judeus. Jesus

---

[109] BARNES, op., cit.

veio *"para ser uma luz para revelação aos gentios"*, e também para ser a "gloria da casa de Israel", (cf., Lc 3.22). [110]

"a qual vinda ao mundo" – Essa Luz, isto é Cristo, veio ao mundo para dissipar as trevas espirituais em que a humanidade se encontrava. João estava consciente de que ele mesmo não era essa Luz, embora também fosse "uma luz". Jesus ainda continua sendo a Luz do mundo. Se olharmos para a história de nossa civilização cristã, veremos quanta diferença tem feito o cristianismo para a humanidade. Embora equivocadamente, os homens tenham cometido e ainda cometam barbaridades em nome da fé, o mundo sem o cristianismo estaria mergulhado na perversão do erro, talvez não mais existisse essa nossa civilização.

1. O Messias, Jesus Cristo, frequentemente falava de sua missão no mundo, (cf., Jo 6.14; 18.37).
2. Ele frequentemente é desguiado "como a luz vinda ao mundo" – Jo 31.19. Esta é a condenação, a rejeição dessa Luz a qual é vinda ao mundo Jo – 12.46 "Eu sou a Luz vinda ao mundo".

Quando Jesus declara abertamente ser "a Luz", deve estar se referindo ao seu ministério, mas também como "Luz" no sentido abstrato da palavra. Ele é Deus revelado em carne e Luz Divina no mundo. Ele também é a Luz que iluminou os apóstolos, para conduzi-los à verdade, desviando-os de todo erro em seu ensino. Ele continua sendo a Luz, *"a verdadeira Luz da vida"*, (veja Sl 56.13; Jo 8.12).

1. Esta luz não se limita aos "judeus", mas se estende a todos – judeus e gentios.

2. É uma providência para todos e oferecida a todos.

---

[110] Idem.

3. Isto foi afirmado nos dias de João por meio de seu escrito e deve ser afirmado "é atual o entendimento", mas a palavra "luz" tem a forma do "futuro". Esta luz tão esperada e anunciada, a qual é resultado da vinda do Verbo, deve afinal, iluminar as nações.[111]

"O Verbo estava no mundo" – Isto deve ser entendido, não como meramente à encarnação; porque a palavra *"estava"* denota a existência do Verbo, num tempo anterior à criação do mundo; e a palavra *"mundo"* compreende o mundo em geral, no sentido oposto à Judéia e o povo judeu como no verso seguinte; além da encarnação do Verbo como fala João 1.14, de uma forma diferente, distinta do que se diz aqui, mas, sua presença no mundo, quando na antiguidade foi feito o mundo e, desde então, está presente em sua essência, pela qual Ele enche todo o mundo; e por seu poder o sustenta e preserva; por sua providência, ordena e dirige todas as coisas, influencia e governa todas as coisas no mundo. Ele é a luz e a vida do universo, doando vida natural e luz para toda criatura, ele enche todas as coisas e abençoa com sua graça e bondade; Ele que foi prometido anteriormente, que distinguiu os judeus das demais nações como seu povo peculiar; Ele que foi anteriormente visto no mundo em forma humana; antes de sua encarnação, como no Jardim do Édem ou aos seus antepassados, Abraão, Jacó, Moisés, Manoá e sua esposa, e a outros.

"o mundo foi feito por Ele" – Também Filon de Alexandria, hermeneuta judeu frequentemente descreve o mundo como sendo feito pelo Logos, ou o Verbo, conforme o observa João em 1.3. Isto se aplica a todo o universo e a todas as coisas criadas. Não designa uma nova criação; exceto no que concerne ao novo homem criado em Cristo, esse se reconhece, como uma nova criação; no próprio entendimento de João (cf., João 3.1-7). Portanto, é importante a cláusula seguinte, a qual afirma que o mundo não o conheceu; e também não o amou, nem o obedeceu; generalizadamente, o mundo não o recebeu; ele veio para o que era seu e eles também o condenaram, com toda a multidão. Como entender esta velha criação! É bom, entretanto, tirar

---

[111] BARNES, op., cit.

o melhor proveito do contexto, e ver aí provas da divindade de Cristo, de sua pré-existência, como o Verbo, Filho de Deus e sua encarnação.

IV. A Rejeição do Verbo – ARA [10c] *"...mas o mundo não o conheceu. [11]Veio para o que era seu, e os seus não o receberam."* – Quer dizer, os habitantes do mundo não reconheceram o seu Criador; nem reconheceram a graça dada a eles, recebida de sua parte; não lhe prestaram culto, não o serviram, nem lhe obedeceram, não o amaram nem temeram diante dele; não todos eles, mas a maior parte deles; mas Ele veio para ser seu Messias, Mediador, Salvador e Redentor. Não obstante o conhecimento de Cristo tivesse sido espalhado por todo o mundo, desde a primeira promessa feita, a qual se estendia a todos os filhos de Adão. Mas assim como a sua primeira promessa, a proclamação dela ao longo dos tempos, foi negligenciada e desprezada, ela foi esquecida, e absolutamente perdida, pela maior parte da raça humana; pelos gentios, por muitos séculos, pois eles não conheceram a verdade de Deus, também eles careciam de Cristo, eles não tinham noção do Messias; eram ignorantes e este era o seu principal pecado, o qual traria a punição.[112]

"veio para o que era seu..." – Isto é, os judeus. Não o mundo todo, aqueles que eram seus por direito de criação; essas expressões são usadas no sentido oposto ao mundo, e distinto dele; os quais receberam por desígnio o seu particular favor, favor esse que não foi concedido a todos: mas somente aos eleitos de Deus; apesar de tudo o Cristo lhes era particular, no sentido mais amplo da palavra; eles lhe pertencem por escolha, lhe foram dados pelo Pai, porque foram comprados, e por sua graça conquistados e são objetos de seu especial amor; por causa deles foi que Ele veio em carne, e para eles veio de forma espiritual, e a eles apareceu uma segunda vez, nos últimos dias para salvação; mas eles não compreenderam, porque quando Ele veio eles não o receberam; é exatamente o que afirmam estas palavras. Então isso se refere aqueles que formavam todo o corpo da nação judaica; também chamada, de povo de Deus, por ser o povo escolhi-

---

[112] 109 GILL, John, op., cit.

do do Senhor dentre todos os povos; distinguindo seu favor sobre eles, em adoção por aliança, as promessas, a doação da lei, e o serviço de Deus; e a sua *Shekiná*, símbolo da Sua presença divina de forma inquestionável entre eles; e da promessa do Messias que fora feita de forma realmente inequívoca pelos profetas. Ele foi nascido deles, também era de sua parentela, de seu povo e de sua nação. Quando Ele veio, não entenderam a sua encarnação; de qualquer forma, quando ele veio em carne, como também eles vieram, para ser o Cordeiro particular da casa de Israel, então foi rejeitado como Messias; assim, a sua encarnação é referida adiante no verso 14. Como algo novo e distinto de todas as coisas; e para entender isso, nós precisamos saber que Ele existiu antes de sua encarnação; assim, melhor se entende o contexto, e o que procura desenhar o evangelista. Agora, Cristo, o Verbo, veio para os judeus, não por meio de tipos, mas de forma pessoal e real, em cumprimento da promessa profética e da Palavra e ordenanças, veio em pessoa; como apareceu a Moisés num arbusto, e ordenou o livramento dos filhos de Israel do Egito; Ele veio redimi-los para si mesmo por sua poderosa mão e por seu braço entendido; em amor e piedade ele abriu o mar vermelho e eles passaram em terra seca; Ele os acompanhou na forma de uma coluna de fogo à noite e de uma nuvem de dia e Ele lhes apareceu no Monte Sinai para lhes dar os vigorosos oráculos de Deus.

"e os seus não o receberam" – Eles não creram nele, não obedeceram a sua voz; eles se rebelaram contra Ele, e o tentaram em Meribá e em Massá; eles provocaram a Sua ira, e o irritaram, e agravaram o Seu Santo Espírito, como mais tarde, desprezaram e rejeitaram o Seu Evangelho e os seus profetas. Eles rejeitaram a Sua Palavra e, por isso, foram punidos. O Targumista em Os 9.17 assim declara:

"meu Deus os removerá para longe porque, לא קבילו למימריה*"* – *eles não receberam o seu verbo"*; e eles se desviaram de entre o povo.

E também eles negociaram esse mesmo "Logos", ou Palavra de Deus, quando Ele se fez carne e habitou no meio deles. De certa forma, isso extraordinariamente é o discurso dos judeus acerca de si mesmos:[113]

Quando o Verbo de Deus veio, quem foi o seu mensageiro? Nós deveríamos tê-lo honrado. Diz R. Saul, mas quando o seu profeta veio, nós o matamos e derramamos o seu sangue? (compare com Mateus 23.30). Como então agora מדברו נקבל", receberemos sua Palavra?" Ou, por que deverão de crer nEle? Diz R, Saul, o Levita, por que Ele iria curá-los, e livrá-los de seus destruidores? E por causa desses sinais haveríamos de crer nEle e honrá-lo, mas eles não o receberam.[114]

V. A Missão do Verbo – ARA: [12] *"Mas, a todos quantos o receberam, aos que crêem no seu nome, deu-lhes o poder de se tornarem filhos de Deus,* [13]*os quais não nasceram do sangue, nem da vontade da carne, nem da vontade do homem, mas de Deus."*

"mas a todos quanto o receberam" – Isso está explicado, em parte, o texto do Evangelho, crendo em seu nome; pela fé o receberam e receberam o seu Logos, e Filho de Deus, o Messias, o Salvador, e Redentor; e, da Sua plenitude graça, sobre graça, e cada um deles foi abençoado por Ele, justiçado em retidão, perdão de pecados, para receberem a herança daqueles que nEle são santificados; foi generalizadamente rejeitado, mas, aos que o receberam, Ele:

"deu-lhes o poder de serem feitos filhos de Deus" – Com muita ênfase, são distintos no mundo dos filhos dos homens; para serem filhos de Deus e receberem seu especial favor, uma grande graça, a alta honraria: esses santos não são realmente grandes, mas são os filhos de Deus assim como o é Cristo; num certo sentido são fracos, como os próprios anjos e os homens comuns são; não no mesmo sentido da magistratura civil; nem meramente por profissão religiosa; muito menos por uma descendência; mas, por adoção e graça. Em Cristo, o Logos, há essa intenção, como todas as três pessoas da divindade a

---

[113] BEN, Arama, in Gen. xlvii. 4. apud Galatin. de Arcan. Cathol. Ver. l. 3. c. 5
[114] GILL, op., cit.

têm. O Pai que os predestinou para adoção de filhos, firmando-os em sua bondade por meio de sua aliança e graça e, enviando para o meio deles o Filho, e lhes dando uma grande herança; o Espírito é aquele que os chama ao espírito de adoção, revelando e aplicando sua graça, e testificando o espírito de adoção e fazendo compreender que são filhos de Deus (Rm 8.6); e Cristo, o Logos, ou Filho de Deus, não somente os sustenta, Ele assumiu no tempo próprio natureza humana para que os pudesse redimir e abrir para eles a porta da recepção e adoção de filhos; e agora lhes concedeu o "poder" de serem chamados; de se tornarem "filhos de Deus"; pelo qual lhes é dado, não o poder para se fazerem eles mesmos, livremente, filhos de Deus, como se eles tivessem poder para isso; mas isto são uma honra e uma dignidade conferida; Nonnus chama isto "a celestial honra"; e de fato, como deve ser grandiosa? É com certeza, maior honorabilidade do que ser nascido na mais poderosa nação sobre a terra e, é um expressivo privilégio; por ser imerecido; é uma distinção e nos comunica muitos outros privilégios; pois tornaram-se os domésticos de Deus e membros de sua família e receberam a sua providência; têm liberdade de acesso a Ele; são homens livres em Cristo; tornaram-se herdeiros de uma herança incorruptível. Este privilégio excede a qualquer outro, até mesmo a justificação e a remissão de pecados; é algo eterno, e isso também compreende comunicar a outros a fé, para que também recebam este privilégio, e uma vez crendo, clamam por isso; isto é consequente.[115]

"a saber, aos que crêem em Seu nome" – Isto é, nEle próprio, em Cristo, o Logos: de certa forma esta oração é um complemento explicativo do verso em questão, e descreve a manifestação dos filhos de Deus. Esses filhos de Deus são os Seus eleitos, em virtude da eleição da graça, e da aliança da graça, pois já eram filhos antes mesmo de crerem; e são considerados como dom Deus ao Cristo (cf., Hb 2.13; Jo 6.37; 10. 26,27); e quando Ele veio ao mundo, veio para reuni-los, e salvá-los, e também, antecipadamente são do Espírito de Deus, o qual seria enviado aos seus corações, para fazê-los reconhecê-lo (Ef 1.13; 1Co 12.3; Rm 8.16; Gl 4.6); mesmo assim não pode o homem

---

[115] GILL, Jhon, op., cit.

receber esta adoção, nem gozar este conforto, ou clamar por isso, até que ele creia, por isso mesmo a fé é dom de Deus (Ef 2.8).

"os quais nasceram" – Indubitavelmente, refere-se ao "novo nascimento", ou à grande mudança de mente, regeneração ou conversão. Isto os fez entender que são filhos de Deus, não devido ao seu nascimento natural, ou porque são os filhos dos "judeus", ou porque são descendentes de pais religiosos. O termo usado para "ser nascido" é frequentemente entendido como mudança, (compare Jo 3.3-8; 1Jo 2.29). Isto ilustra claramente a belíssima grandeza desta transformação. O nascimento natural nos introduz nesta vida. O novo nascimento nos inicia na vida espiritual. Antes estavam "mortos" em seus pecados (Ef 2.1); agora foram iniciados na verdadeira vida. Se o nascimento natural é desta vida, também o nascimento de Deus é para nos introduzir na vida real, para luz, para a felicidade do favor de Deus. O termo, ao mesmo tempo, expressa a "grandeza" e a "natureza" da transformação.[116]

"não nasceram de sangues" – A palavra grega sangue está no plural "sangues" – isto significa, não de "homem", compare (Mt 27.4). Os judeus se orgulhavam por serem descendentes de Abraão, (Mt 3.9). Eles supunham que isso era um prova do favor divino; pertencer à sua descendência, como demonstrado na vida de muitos de seus ancestrais. Esta passagem nos dá a noção correta, demonstrando que isso não tem nada haver com o fato de serem descendentes de alguém piedoso e ilustre. Isso não garantirá sobre ninguém o favor de Deus; ou algo semelhante que se possa pensar, não é porque possuem uma ilustre ligação de "sangues" ancestrais. A lei do Reino de Cristo é diferente daquilo que supunham os judeus, (cf.,1Pd 1.23). Era necessário que fossem "nascidos de Deus" por geração. Certamente, de qualquer forma, não significa filhos de Deus por uma herança consanguínea, ou pelo rito da "circuncisão", como muitos judeus pensavam. Isto está muitíssimo claro nas declarações de Paulo em Romanos (cf., Rm 2.28-29). *"Não é segundo a carne"* – Não por natural geração.

---

[116] BARNES, op., cit.

"nem da vontade do varão" – Isto, geralmente, se refere à adoção natural de uma criança pelos processos humanos. A forma da frase não indica um nascimento natural; essa forma de falar pode denotar a adoção de filho de Deus não em virtude de descendência ilustre, como no caso de Abraão, como os judeus gostavam de se referir, por seu natural nascimento, não por serem "adotados" por alguém piedoso. Não é por termos qualquer privilégio entre aqueles que são chamados povo de Deus, que receberemos o privilégio de "filhos" ou receberemos o título de "filhos de Deus." Isto não é por poder humano ou agência humana, nos tornamos filhos de Deus por um Poder Maior.

"mas de Deus" – Isto quer dizer que é Deus quem produz essa transformação, e concede o privilégio de sermos chamados seus filhos. O coração é mudado pelo Seu poder, (cf., Ez 11.19). Não se trata de assistência ou conforto humano, não é obra de homens, pois o homem não pode produzir tal transformação. Ao mesmo tempo, não é pela fé no homem que sãos renovados em si mesmos, por seu "desejo" ou "vontade" de virem a ser crentes; porque o efeito de tal mudança é por Seu "poder" (Sl 110.3), e essa mudança não é segundo a sua aspiração pessoal, mas são conduzidos por Deus a esse desejo (cf., Fp 2.12- 13). Este importante verso nos ensina:

1. Que o homem só pode ser salvo se nascer de novo.

2. Que a sua salvação não é consequente de um nascimento nobre, ou por descendência piedosa.

3. Que esses filhos podem ser de descendência rica ou nobre, como podem ser de origem pobre e humilde, mas devem nascer de Deus e por Ele serão salvos.

4. Que não serão filhos de Deus por nobre nascimento e, por mais piedosos que sejam seus pais, ou mesmo por serem filhos de cristãos.

5. Que isto é obra de Deus e que "nenhum homem" poder operar isto por nós.

6. Que nós devemos abandonar toda dependência humana, que não podemos confiar na carne, que devemos voltar-nos imediatamente ao trono da graça, e suplicar a Deus para que nos adote em Sua família e salve nossas almas da morte.[117]

VI. A Encarnação do Verbo – ARA 14a *"E o Verbo se fez carne e habitou entre nós, cheio de graça e de verdade..."*

"E o Verbo se fez carne..." – Esse verdadeiramente existia como pessoa no princípio – o qual estava com Deus – o qual era Deus, (Jo 1.1) e na plenitude dos tempos se fez carne (cf., Gl 4.4). Tornou-se carne pelo poder do Espírito Santo, no ventre da virgem chamada Maria. Conforme escreveu o apóstolo por divina inspiração, este verso, tomado com João 1.1, nos mostra, absoluta e incontestavelmente a prova da eternidade e da própria divindade de Cristo Jesus.

"e habitou entre nós" – Και εσκηνωσεν εν ἡμιν, e tabernaculou entre nós. A natureza humana que tomou da Maria foi como um santuá-rio,[118] casa ou templo, no qual Sua imaculada divindade baixou até nós e, entre nós habitou. A palavra é provavelmente, uma alusão à Divina Shechinah no templo judaico; assim representa em toda a dispensação evangélica pelos tipos e cerimônias da velha aliança também. A Shechinah no tabernáculo e no templo apontava para manifestação física de Deus. A palavra εσκηνωσεν *eskinosen* é usada por escritores judeus para descrever a manifestação da Divina Shechinah.

A palavra original, σκηνοω, *sknou* de σκια, skia "sombra", significa:

---

[117] BARNES, Albert, op., cit.
[118] Quer dizer, aquela natureza não era o Logos, mas o Logos habitou; tabernaculou nela. O logos uniu-se à natureza humana e, esse homem era Deus encarnado, e esse homem era Jesus de Nazaré.

1. Edificar uma tenda, ou cabana temporária, para abrigo ou por conveniência; e não tem o significado de habitação contínua ou residência perpétua; e é, portanto, adequadamente aplicada à natureza humana de Cristo, na qual quis estar como no velho tabernáculo por meio da Shechinah. Serviu somente para ser a residência temporária da eterna Divindade.

2. Era aplicada para designar as cabanas erigidas para serem temporariamente usadas nas festividades ocasionais, quando alguém convidava amigos para se divertirem. Assim se deve[119] entender esta palavra, no mesmo sentido comum dos escritos gregos, o evangelista talvez esteja aludindo à associação de Cristo com seus discípulos e com ele mesmo; vivendo, conversando, comendo e bebendo com eles; também à prova cabal de sua Divindade por meio dos milagres os quais Ele fez, ainda como clara a evidência de Sua humanidade, por meio da qual tabernaculou entre eles, comendo e bebendo. Concernente às várias aplicações do verbo σκηνοω, veja-se Raphelius neste verso: A doutrina de um vicário sacrifício, da encarnação da divindade, prevalece na tradição religiosa das mais antigas nações do mundo, mesmo naqueles escritos que não favorecem a divina Revelação. Os hindus, por exemplo, crêem que 'deus' realmente se encarnaria, com a idade de não menos que nove anos, para salvar a miserável raça humana.

VII. A Glória do Verbo – *"e contemplamos a sua glória"* – Esta é uma nova prova de que já existia anteriormente - "o verbo de Deus que se fez homem." Ele existiu primeiro, e eles o viram como um homem. Ele agora acrescenta que eles viram a sua própria glória "como Deus e homem unidos numa pessoa," constituindo Ele o inigualável Filho do Pai. Não há nenhuma dúvida que isto faz referência à sua transfiguração no monte, (cf., Mt 17.1-9). Para esta mesma evidência Pedro também apela, (cf., 2Pd 1.16-18). João foi uma testemunha desta cena, e então diz, "nós vimos a sua glória," (Mc 9.2).

---

[119] CLARK, Adam, op., cit.

A palavra "glória" pode ser traduzida: poder, honra, majestade, dignidade, esplendor,etc.[120]

"glória como do Unigênito do Pai" – Dignidade é bem apropriado para o Filho Unigênito de Deus; tal glória e esplendor não podem ser dados a outro. Mas Jesus apropriadamente expressava isso em seu nível e caráter. Sua glória foi vista eminentemente no monte da transfiguração; também por meio dos milagres por Ele realizados, sua doutrina, sua ressurreição, sua ascensão; tudo nEle ilustra as suas perfeições e manifesta a sua glória, glória que somente um neste mundo poderia possuir, o Filho de Deus.[121]

"Unigênito" – O termo nunca é aplicado por João a um qualquer, mas a Jesus Cristo. Tal termo é aplicado por ele em cinco lugares ao Salvador, (cf., Jo 1.14,18; 3.16,18; 1Jo 4.9). É literalmente aplicado somente ao Filho de Deus. Na Escritura, sempre se aplica a um filho único, especial querido e achegado; como a alguém especialmente amado, (cf., Gn 22.2, 12, 16; Jr 6.26; Zc12.10). Definitivamente, no Evangelho de João tal termo sempre se aplica ao nosso Salvador.

1. Como sendo Ele eminentemente o Filho de Deus, sustentando uma relação especial com Ele. Por Sua divina natureza, exaltado acima dos homens e dos anjos. Ele, portanto, é digno de ser assim denominado, no sentido de iminência, somente Ele é Filho. Os santos são chamados de "filhos" ou "crianças" ou "filhinhos",[122] porque eles nasceram do Espírito Santo; mas o Senhor Jesus é exaltado acima de todos, e merece eminentemente, ser Ele somente chamado Filho, pois é o Filho Unigênito de Deus.

---

[120] BANES, Albert, op., cti.

[121] BARNES, Albert, op., cit.

[122] Refere-se ao vocábulo te,kna, *tékna,* que pode ser traduzido crianças, filho, filhinho termo grego usado, amplamente por Paulo e João. Em João geralmente a ARA e demais versões traduzem "filhinho"

2. Ele é especialmente querido por Deus, isso também o faz digno desse "título", também, tende a exprimir afeição,[123] isto recai sobre Ele.

"cheio de graça e de verdade" – A vocábulo "cheio" se refere ao "Verbo feito carne" do qual se declara ser cheio de graça e de verdade. A palavra "graça" significa "favor", "dom" ou, ato beneficente. Ele era bom, gracioso, misericordioso, todo cheio de bondade, e buscava o bem estar dos homens por meio de grandes sacrifícios e amor; a ponto de se dizer que isso era uma característica dele, ou nEle "abundavam" favor e bondade. Ele era também *"cheio de verdade"*. Ele proclamava a verdade. Nele não havia nenhuma falsidade. Ele não era como os falsos profetas e falsos messias ou como qualquer outro impostor; não era um emblema ou sombra da velha dispensação, os quais eram apenas tipos da verdade; mas Ele era a verdade em si mesmo. Ele era o lídimo representante das figuras apresentadas na velha dispensação, e dEle procedia a "verdade" também era Ele "o caminho e a vida" (cf., Jo 14.6).

---

[123] Quer dizer, afeição do Pai.

Capítulo VII

ABORDAGEM TEOLÓGICA

Introdução

Ainda que já ao longo desta obra tenhamos procurado demonstrar todo o tipo de abordagem do texto, inclusive do ponto de vista teológico, ainda se poderia, sob o prisma teológico, encetar outras abordagens do texto voltando-nos para aspectos específicos. Não iremos exaurir, com certeza, tais abordagens, mas queremos de forma sintética, apresentar um esboço e breve comentário de uma abordagem que tende a ser ao mesmo tempo homilética, atendendo ao esboço, como também teológica devido aos subitens apresentados.

I. Nuances Teológicas – João 1.1-14.

O termo nuance ou nuança em si, segundo o dicionário Houaiss da Língua portuguesa, pode significar: diferença sutil entre coisas, maios ou menos similares, postas em contraste, matiz, sutileza. Do ponto de vista teológico, a abordagem destes versos, já se verificou que é extremamente cristológica ou cristocêntrica. Verifica-se, entretanto, uma grande variedade teológica no texto apontando em muitas direções. Queremos propor, dentro desta visão homilético-teológica, abaixo do tema: NUANCE TEOLÓGICAS, as seguintes divisões ou subitens: I. Nuance Cristológica; II. Nuance Poimênica; III. Nuance Missiológica; IV. Nuance Soteriológica. Essa proposta tende a resumir os focos do texto para facilitar uma abordagem didático-homilética. A riqueza do texto é extrema e, a multiplicidade de assuntos quase que inesgotável, do ponto de vista hermenêutico. Com certeza esse texto deve ter gerado, talvez, um sem fim de literaturas voltadas para sua interpretação, desde o princípio da história da igreja, a começar nos pais da igreja, devido à sua importância cristológica. Ele é aquele texto que gerou toda a polêmica da doutrina do Logos e que culminou por constituir o texto prova, talvez, mais importante no estabelecimento dessa doutrina. A contribuição de João com esse texto foi vital para salvar a igreja de um seriíssimo desvio teológico o qual traria danos irreversíveis para a doutrina. Então, uma abordagem homilética tende a ser resumida, pois por mais que dure um sermão, pelos moldes homiléticos não deve ultrapassar muito dos trinta minutos, ao passo que uma aula de uns quarenta e cinco a cinquenta.[124] Então, reduzimos o esboço em quatro abordagens que pensamos, se não enfocam toda amplitude do texto, procuram situar pontos que levem a uma reflexão mais teológica do mesmo. I. Nuance Cristológica – Do ponto de vista teológico, podemos antes de tudo dizer, que este texto em si é intrinsecamente cristológico. A cristologia aqui é tão profunda que demandaria discorrer em muitas linhas sobre tal profundidade. Anteriormente já abordamos a cristologia do texto, mas, numa visão sermônica e, portanto, sintética, queremos apresentar quatro fundamentos que para mim parecem ser os principais na cristologia deste texto:

a) *A pré-existência do Logos* – O texto começa por afirmar a eternidade pré-existente do Logos, quando diz: "no princípio era o Logos" ou "Verbo". Jesus orando ao Pai disse: "glorifica-me, ó pai, contigo mesmo, com a glória que tive antes de ti, antes houvesse mundo" (Jo 17.5). Essas palavras de Jesus na oração sacerdotal denotam que Ele era consciente de Sua vida junto do Pai, antes da encarnação; na verdade, em outro lugar, Ele declara abertamente: "antes que Abraão existisse, Eu Sou" (Jo 8.58). João está engajado na missão de de-

---

[124] Muito embora esteja hoje mais voga no meio reformado a pregação expositiva, que tende a ser mais extensa, devido ao caráter mais explicativo no que se refere ao texto; tendendo para um sermão-aula.

monstrar que Jesus é o Logos e que, como Logos divino, Ele é eterno. Esse ponto está bem definido, até mesmo para palavra "princípio" no grego, como já vimos anteriormente denotando atemporalidade, assim como o verbo "ser";

b) *A divindade do Logos* – Outro aspecto claro no texto é a divindade do Logos, João afirma categoricamente: "e o Verbo (Logos) Logos era Deus". Nesse caso é dispensado o artigo definido como normalmente se faz antes da palavra Deus, pois o vocábulo é apresentado como um predicativo do Verbo (Logos). Jesus tinha consciência de Sua divindade e, é no Evangelho de João que Ele muitas vezes usa a afirmação: "Eu Sou" no sentido de Sua divindade que na ARA aparece em letras maiúsculas assim: "EU SOU" (cf., Jo 8.24, 28, 58; Jo 13.9). As expressões "Eu Sou" aparecem centenas de vezes no AT em referência a Javé. Logo, quando Jesus faz essas declarações, é perceptivelmente aclarado a Sua percepção de ser divino. Também o vemos aceitar adoração e até mesmo a declaração sobre a Sua divindade (cf., Jo 20.28; Mt 15.25; Mc 5.6; Jo 9.38). É importante ressaltar que na mente de João ele entende que Jesus Cristo é esse Logos eterno e divino;

c) *A encarnação do Logos* – Também o texto demonstra de forma enfática que o Logos encarnou, sim, porque Jesus é a encarnação do Logos divino. João declara inequivocamente: *"o verbo se fez carne e tabernaculou entre nós"*(vv.14) – tornando-se carne humana, esvaziou-se de Sua majestade divina, porém João acrescenta: *"e vimos a Sua glória"*. Não perdeu a Sua glória na verdade Ele diz ao Pai, relativamente aos discípulos: "Pai a minha vontade é que onde eu estou, estejam também comigo os que me deste, para que vejam a minha glória..." (cf., Jo 17.24; comp., Jo 8.54). Logo a divindade de Cristo (o Logos) divino está bem salientada no texto. O final do verso catorze é assas contundente: *"glória como do Unigênito do Pai"*. Esse tratamento como já vimos é especial, em relação a Jesus, Ele é o U-nigênito, várias vezes referido em João (cf., Jo 1.14, 18; 3.16,18), ainda em 1João 4.9 e Hebreus 4.9, encontramos essa expressão. Jesus é o Unigênito, o único que se encaixa nas definições do capítulo primeiro de João. João lhe atribui divindade, então se Logo é Deus, pois diz João *"o Verbo era Deus"* e ainda *"o Verbo se fez carne"*, então, não havendo obviamente nenhum outro que referir, Jesus é o Logos e Jesus é Deus. Ora, essa é a conclusão de João*: "esse é o verdadeiro Deus e a vida eterna"* (cf., 1Jo 5.20);

d) *A missão do Logos* – Em quarto lugar, entendemos que João deixa bem claro qual era a missão do Logos. Ele veio para buscar o que era Seu; *"veio para o que era seu"*, diz João. Embora ele deixe claro que Ele foi rejeitado pelos judeus, ou seja, "o que era seu", porém essa referência deve ser entendida no sentido mais amplo, da visão de um homem que escreveu já no limiar do século diante de uma história da igreja que revelava dois aspectos peculiares: 1) A grande massa de cristãos espalhados pelo mundo de então constava de gentios; 2) Os judeus em geral tornaram-se perseguidores "do caminho", pois eles não creram em Cristo como seu Messias prometido. Mas, devemos, justiça seja feita, referir o fato de que no início da sua história a igreja ela constava quase que exclusivamente de judeus. Os doze apóstolos eram judeus, os cento e vinte que oravam no cenáculo quando o Espírito Santo inaugurou a era da igreja, salvo melhor juízo, eram judeus. Porém, João mostra a dilatação do ministério de Cristo quando diz: *"mas a todos que o receberam, deu-lhes o poder de serem feitos filhos de Deus"* (vv.12). Logo a missão de Cristo era uma missão universal, Ele veio buscar as ovelhas perdidas da casa de Israel, mas, também veio para ser luz para os gentios e, salvar por Sua graça todo aquele que nEle crer.

II. Nuances Poimênicas

A palavra poimênica vem do vocábulo grego ποιμήν – *poimen*, pastor. O texto revela o caráter pastoral de Cristo ao declarar especificamente a que fim Ele veio; *"ele veio para o que era seu"* – verso 11. Cristo deixou claro durante o seu ministério terreno que a sua missão precípua era: *"buscar as ovelhas perdidas da casa de Israel"* (cf., Mt 15.24). Quando Ele enviou os seus discípulos, explicitamente deu-lhes este comando: *"mas, de preferência, procurai as ovelhas perdidas da casa de Israel"* (cf., Mt 10.6). Para a mulher siro-fenícia ele disse: *"Não é bom tomar o pão dos filhos e lançá-lo aos cachorrinhos"* (Mt 15.26). Quando se avistou com Zaqueu, o publicano, o distingue da seguinte forma: *"também esse é filho de Abraão"* (cf., Lc 19.9). Esse e outros textos revelam com clareza que a missão de Cristo era pastoral e que seu pastorado voltava-se para a nação de Israel. Mas o texto em epígrafe revela o dilatamento do ministério de Jesus, face à dureza de coração de seu povo, voltando-se então a bênção para "aqueles que não eram de Israel"; pois diz: *"e os seus não o receberam"*. O eco dessas expressões se faz sentir de forma alarmante no verso 12: *"mas, a todos quanto, deu-lhes o poder de serem feitos filhos de Deus"*. A partir do verso 12 podemos entender que poimênicamente, o ministério de Cristo se dilata para além das fronteiras de Israel, para cumprir o que fora dito pelo profeta Isaías: *"e te farei mediador a aliança com o povo e luz para os gentios"* (cf., Is 42.6; comp., 49.6). Ora pela expressão *"povo"*, se entende os filhos de Israel, mas será também *"luz para os gentios"*. O ministério de Cristo não se restringiu aos sítios judaicos, mas, pregou na grande decápolis (expressão usada para referir-se a dez cidades gregas conjugadas), pregou aos samaritanos, pregou na Gadara, etc. Assim, podemos dizer que Jesus como *"o bom pastor"* (João 10.10), exerceu amplamente o seu ministério e cumpriu cabalmente a sua missão pastoral. O texto ainda demonstra a universalidade do ministério pastoral de Cristo, quando se refere a Ele como a aquela *"verdadeira luz, que, vinda ao mundo, ilumina a todo homem"* (cf., v.9). Todo homem, como já vimos, obviamente, não significa a totalidade dos homens, pois, se fora assim, nenhum deles haveria de perder-se, uma vez que foram iluminados. Ora, entendemos então, que quer dizer, de todas as etnias, raças, nações, línguas e povos. Ainda, o texto nos fala de outro pastor de categoria menor que o Supremo Pastor das ovelhas; João Batista foi um pastor cujo ministério foi sui generis, pois seu ministério de forma ímpar anunciava a vinda do Messias, não como os profetas do AT, ex tempore, mas no tempo, pois sua função de precursor era a de preparar o caminho para Sua chegada; ele o fez de forma apaixonada, firme e desprendida. João revelou o caráter humilde que deve acompanhar a todo o verdadeiro pastor de Cristo; na sua humildade soube retirar-se do papel de protagonista para coadjuvante, coisa que não é fácil de se fazer. Ele disse: *"importa que Ele cresça e que eu diminua"*. Seu ministério era cristocêntrico, não havia em sua vida lugar para megalomanias, ou todas essas idiossincrasias[125] modernas, de pastores que para justificar a sua "grandeza de fé" constroem templos enormes e suntuosos, que reúnem as ovelhas em torno de si e não de Cristo, que não suportam serem questionados, nem se quer por um momento, que pregam o céu na terra e para justificar seu discurso triunfalista espoliam o povo de Deus. Não! João Batista não era assim, ele estava pronto a humilhar-se, ceder o lugar, sair do palco, estender sua destra e "puxar" a Jesus para o lugar mais elevado, ao passo que ele se encurvaria para o estrado de seus pés, visto que nem mesmo se considerava digno de fazer-lhe o papel de servo, ou seja: *"desatar as correias de suas sandálias"*. Deus precisa de pastores como Cristo, que deem de fato a vida pelas ovelhas; Ele precisa de pastores como João Batista, que sejam desprovidos de orgulho, arrogância e vaidade. Mas o caráter do ministério de Cristo, assim como o caráter do ministério de João Batista, era também missionário.

III. Nuances Missiológicas

Do ponto de vista missiológico, havemos de observar que, se a palavra "missão" faz algum sentido para igreja, deveria ela tomar como paradigma o exemplo de Cristo. Seu exemplo é ímpar sob muitos aspectos e queremos salientá-los nos seguintes pontos:

a) Que missionário, por mais desapegado que seja de bens, fortuna, riqueza, status ou glória, poderia equiparar-se à Cristo, pois Ele deixou a riqueza do céu para achar-se na terra, vestido de homem, despiu-se da Sua glória e majestade divina, como diz Paulo, Ele *"subsistindo em forma de Deus..." "... esvaziou-se assumindo a forma de*

---

[125] Predisposição particular do organismo que faz com que um indivíduo reaja de maneira pessoal à influência de agentes exteriores (alimentos, medicamentos etc.). Característica comportamental peculiar a um grupo ou a uma pessoa.

servo" (cf., Fp 2.7). Quem, depois de ser Deus, se humilharia como Ele? Pois, há tantos "deuses" hoje na igreja, que fazem do púlpito um altar para serem adorados e, da tribuna, o seu pedestal. Cristo abriu mão da glória do céu para sofrer a ignomínia dos homens na terra e humilhar-se *"até a morte, e morte de cruz"*, (Fp 2.8).

b) Onde está aquele homem que aceite a humilhação e o escárnio em lugar de uma glória que lhe seja devida? Pois Ele devia ser adorado pelos homens, mas foi por eles açoitado, cuspido, humilhado e, em toda a sua humildade, quando tinha poder para deter as multidões, chamando miríades de anjos para defendê-lo, sujeitou-se ao mal trato e à morte horrenda (Mt 26.53). Sim! Onde está esse homem que mesmo sabendo que o poder do céu está à sua disposição, abra mão de usá-lo em seu favor ou defesa?

c) Mas, Cristo foi além, pois Ele abriu mão de Sua própria dignidade de homem e servo perfeito, para sofrer uma condenação injusta e receber uma penalidade cruel, sofrendo uma injustiça ímpar em toda a história da humanidade. Foi amaldiçoado, segundo a "Lei de Deus", e foi desprezado pelos homens e, zombaram dEle, mesmo na hora mais horrenda de dor e humilhação, quando estava seminu lá no Calvário. Ele foi contado com os transgressores, humilhado não abriu nem mesmo a boca (cf., Dt 21.23; comp., Gl 3.13; Sl 22.12-21; Is 53.12; Is 53.7). Sim, Jesus foi um missionário por excelência. Ele foi enviado pelo Pai, com uma missão dura, terrível, que requeria total desapego e uma visão nítida de sua tarefa.

d) Jesus conhecia o caráter objetivo de Sua missão e dela não se desviou nem mesmo um milímetro (cf., Lc 19.10). Quando apresentou-se diante de Deus pôde declarar: *"nenhum dos que me deste se perdeu..."* (Jo 18.9). Quando lhe veio o senso do dever cumprido, com grande dor Ele exclamou: *"Está consumado!"* (Jo 19.30). É claro que não sobra tempo aqui para esvaziar o assunto, pois o caráter missiológico da obra de Cristo é muito amplo, mas tais considerações são apenas para despertar a nossa mente no sentido de pensar Cristo como um missionário. Sim, mais que um missionário, O Missionário.

Também podemos olhar para João Batista, como um missionário, ainda que em menor grau de importância, mas não sem importância. Ele foi o maior, segundo Cristo, dentre os nascidos de mulher (Mt 11.11). Ora, por que Jesus teria feito essa declaração? A resposta é óbvia, pois, que profeta, pastor ou missionário, foi incumbido de maior honra e mais importante tarefa do que João Batista, a de ser o precursor do Messias. Queremos apenas apontar três características em João Batista que deveriam marcar a visão de qualquer pastor, obreiro ou missionário:

a) João Batista sabia o que ele não era (Jo 1.20). Tem tanta gente por aí exercendo liderança na igreja que precisa saber o que não é;

b) Ele sabia exatamente o que era (Jo 1.23). Como seria bom se as pessoas soubessem seu lugar no reino de Deus e fizessem um juízo sobre si mesmas que fosse justo;

c) Ele sabia nitidamente qual era a sua missão (Jo 1.31). Ah! Seria tão bom se todos no Reino de Deus soubessem qual é a sua missão e aplicassem o seu esforço, como fez João Batista, em cumprir a sua missão!

IV. Do ponto de vista soteriológico

Neste aspecto a teologia joanina é clara. Ela inclui um elemento que logo de que cara é abordado em seu evangelho. João demonstra que o Logos opera um poder transformador naqueles que creem nEle: *"tornam-se"* ou *"são transformados"* de forma sobrenatural *"filhos de Deus"*. E entendemos que João não está se referindo a um processo jurídico, horizontal e humano, ou seja a υἱοθεσίας – *uiothesías* (lê-se *riothesias*), que esse era um processo civil comum no mundo grego e também no mundo judaico, através do qual alguém era adotado, passando a possuir todos os direitos legais de um filho. Mas conquanto fosse o adotado reconhecidamente filho perante a lei dos homens, não era filho das entranhas de seu pai. Então João nos apresenta no verso seguinte o que ele quer dizer como serem feito filhos no verso doze: *"os quais não nasceram do sangue, nem da vontade da carne, nem da vontade do homem, mas de Deus"*. Ele está se referindo a um nascimento sobrenatural, a uma nova geração. No diálogo de Jesus com Nicodemos no capítulo 3 de João, Jesus deixa claro que tipo de nascimento é esse, não da água, o parto natural, mas, do "Espírito", que é o parto espiritual. Então, João é tão enfático quando poderia ser: *"não do sangue"*, refutando a descendência piedosa que os judeus gostavam de invocar; *"não da carne"*, refutando a prática da circuncisão pela qual até mesmo um estrangeiro podia virar judeu; *"não do varão"*, que seria o método adotivo abonado pelas leis judaicas, através do qual até um escravo podia virar filho e herdeiro; mas *"de Deus"*, o que significa um nascimento sobrenatural, significica "ser gerado das entranhas de Deus". Essa geração é eterna, pois se deu antes da fundação do mundo pelo processo da eleição divina. Isso fica claro para João, para Paulo, Pedro e o autor aos Hebreus, ao se referir a *"igreja dos primogênitos, arrolados nos céus"* (cf., 2Co 5.17; Gl 6.15; Hb 12.23).

CONCLUSÃO

Como vimos, há uma riqueza teológica tremenda nesta passagem. A finalidade desta abordagem final foi apenas ilustrar o que seja uma abordagem teológico-homilética do texto. Na verdade, este geralmente é o trabalho prático pastoral daqueles que detêm conhecimento geral das disciplinas teológicas necessárias à interpretação de textos. No dia a dia pastoral, nem sempre teremos tempo para uma exegese que siga todos os moldes acadêmicos. O que se recomenda para aqueles que vivem do ofício da pregação ou dedicam tempo integral à proclamação do evangelho é que estejam sempre estudando; afiando as suas ferramentas hermenêuticas e exegéticas; e, assim, acumulando conhecimento das Escrituras, de sorte, que o seu fazer hermenêutico tornar-se-á cada vez mais dinâmico e o conhecimento das Escrituras cada vez mais profundo e aumentado. Há uma coisa que pode trair os pregadores do evangelho e, geralmente isso acontece, é partir do pressuposto de que já se sabe tudo sobre uma passagem bíblica. Afirmo, sem medo de errar, que havendo lido a Bíblia toda muitas vezes e estudando cientificamente as Escrituras e seus textos em língua original constantemente durante anos, havendo pregado ao longo de quase quarenta anos de ministério cerca de oito mil sermões que sempre trememos diante da mais nobre responsabilidade que um homem pode assumir, que é pregar a Palavra de Deus. Não podemos nos dar ao luxo de supor que a experiência possa substituir a unção. Também não podemos nos valer da unção sem iluminação, e não há iluminação sem trabalho árduo e esmerado de horas e horas de estudo; também não haverá unção sem vida piedosa de oração e meditação. O pregador precisa de luz na mente e fogo no coração. A iluminação do pregador não é como a de um crente comum. Quando assumimos a tarefa de pregar a Palavra de Deus, ficamos comprometidos com o empenho. Portanto, devo me dedicar ao trabalho sobre o texto sagrado, me preparando para pregar como se nunca o houvera antes estudado. Informações novas sempre surgirão, pois a Bíblia é um mar inesgotável de conhecimento e a multiplicidade de interpretações que podem surgir de seu texto é infindável. Nunca haverá um pregador ou estudioso das Escrituras, por dedicado que seja, que esgote o seu conhecimento; portanto, devemos nos render humildes ao seu conhecimento inesgotável e mergulharmos em suas águas profundas, sempre nos deixando guiar humildemente pelo Espírito Santo, pois Ele é quem nos guiará a toda verdade e não há melhor hermeneuta das Escrituras que o SEU PRÓPRIO AUTOR.

RELAÇÃO BIBLIOGRÁFICA

BARNES, Albert, Notes on the Bible,in Sword of the Lord.

Bible Works, on-Line Bible – Nestle-Aland 27h Edition.

Bible, Notes Books John. Bíblia Shedd.

BARNES, Albert, Sword of the Lord with an electronic edge.

CLARK, Adam, Commentary on the Bible. Sword of the Lord.

Dicionário Eletrônico Houaiss da língua portuguesa.

Enciclopédia eletrônica Mundo Bíblico.

JEREMIAS, Joachim, Teologia do Novo Testamento. São Paulo: Teológica & Paulus, 2004

GILL, John, Exposition of the Entire Bible – Sword of the Lord.

PETERSON, Eugene H., Um Pastor Segundo o Coração de Deus, p.32,33TENNEY, Merrill C., O Novo Testamento, Sua origem e análise, São Paulo: Vida Nova, 1995.

REINECKER, Fritz & ROGERS, Cleon, Chave Lingüística do Novo Testamento (CLNT), traduzida por Gordon Chown e Júlio Paulo T. Zabatiero, p., 161.

ROBERTSON, Word Pictures in the New Testament., cit., CLNT., p. 161. Editora Textus, São Paulo.

HENRY Mattew, Commentary on the Whole Bible, in Bible Works.

WILLIAMS, Terry, Cronologia da História Eclesiástica, Sociedade Religiosa Edições Vida Nova, São Paulo; 1993.

BÍBLIAS:

BÍBLIA HEBRAICA STTUGARTENSIA, Editada por: Deutsche Biblelgesellschaft, Alemanha, 1997.
ALMEIDA RESVISTA E ATUALIZADA, Sociedade Bíblica do Brasil, in The Word Bible.

ALMEIDA REVISTA E CORRIGIDA, Sociedade Bíblica do Brasil, in The Word Bible.
ALMEIDA CORRIGIDA FIEL, Sociedade Bíblica do Brasil, in The Word Bible.
ALMEIDA REVISADA, Sociedade Bíblica do Brasil, in The Word Bible.

9 786586 757347